Leszek Kolakowski

Die Suche nach der verlorenen Gewißheit

Denk-Wege mit Edmund Husserl

W0190787

Piper
München Zürich

Aus dem Englischen von Jürgen Söring
Die Originalausgabe erschien 1975 unter dem Titel
»Husserl and the Search for Certitude«
bei Yale University Press, New Haven, London.

Von Leszek Kolakowski liegen in der
Serie Piper außerdem vor:
Der Mensch ohne Alternative (140)
Die Gegenwärtigkeit des Mythos (149)
Der Himmelsschlüssel (232)
Henri Bergson (5208)
Weitere Werke sind in Vorbereitung.

ISBN 3-492-10535-1
November 1986
R. Piper GmbH & Co. KG, München 1986
© Verlag W. Kohlhammer GmbH, Stuttgart Berlin Köln Mainz 1977
Umschlag: Federico Luci,
unter Verwendung eines Fotos
von Edmund Husserl (Archiv für Kunst und Geschichte, Berlin)
Satz: W. Kohlhammer GmbH, Grafischer Großbetrieb Stuttgart
Druck und Bindung: Clausen & Bosse, Leck
Printed in Germany

Inhalt

Erstes Kolleg: Die Absicht

Warum ich das Thema für wesentlich halte. Husserl erscheint hier beinahe nur als ein Vorwand für die Erörterung der Frage nach Gewißheit. Dieser Vorwand ist jedoch davon entfernt, ein beliebiger zu sein; tatsächlich würde es schwerfallen, einen besseren zu finden. Ich gebe nicht vor, ein Husserl-Experte zu sein, wie manche Leute, die jeden Schritt in seiner intellektuellen Entwicklung analysieren, selbst die geringfügigsten Veränderungen in seinen Formulierungen aufgreifen und die versuchen, alles, was er gesagt hat, miteinander in Einklang zu bringen. Noch glaube ich, wie manche, daß, wenn man nur tief genug in sein Werk eindringt, man vielleicht in eine Denkmethode eingeweiht werden könnte, die absolut zuverlässig ist. Ohne an dieser Art von Erkundung interessiert zu sein, räume ich ein, daß Husserl in der Tat ein großer Philosoph war wegen der außergewöhnlichen Hartnäckigkeit seines unaufhörlichen Bestrebens: Hoffnung zu erwecken auf die Rückkehr zur absolut ursprünglichen Einsicht in das Erkennen und über Relativismus und Skeptizismus einen Sieg zu erringen. Husserl zu lesen ist oft irritierend. Während seines Lebens häufte er eine Vielzahl sehr detaillierter Distinktionen und Begriffe auf, die einen Leser ohne weiteres irreführen können, der nicht sein Leben Husserl-Studien widmet. Häufig gewinnt der Leser den Eindruck, daß diese Distinktionen in bezug auf nichtiges Material getroffen werden. Häufig erscheint die Phänomenologie dem Leser als ein immerwährendes Programm, das niemals Anwendung findet; als eine Methode, die zwar unaufhörlich vervollkommnet, selten jedoch *in actu* bewährt wird (und wir wissen, daß es in der Philosophie, im Gegensatz zur Technologie, niemals genügt, eine Methode nur zu beschreiben, um Menschen zu befähigen, sie anzuwenden – die Methode erscheint erst zweifelsfrei, wenn auch ihre Anwendbarkeit demonstriert wird).

Bergson hatte mit seinem Diktum wahrscheinlich recht, daß jeder Philosoph in seinem Leben nur eine Sache sagt, eine leitende Idee oder Intention, die all seine Werke mit Bedeutung ausstattet. Wir können solch eine grundlegende Intuition, die in Husserls ganzem, ungeheurem Bemühen stets gegenwärtig ist, mit Händen greifen. Wie die meisten Philosophen hat er sein Leben hindurch dasselbe Buch geschrieben, indem er immer wieder an den Anfang zurückging, sich selbst korrigierte und mit seinen eigenen Voraussetzungen rang. Das Ziel war unveränderlich dasselbe: wie die unerschütterliche, die absolut unzweifelhafte Grundlage der Erkenntnis ausfindig zu machen sei; wie die Argumente von Skeptizisten, von Relativisten zu widerlegen seien; wie die Korrosion durch Psychologismus und Historismus abzuwehren und wie zu einem vollkommen festen Grund im Erkennen zu gelangen sei. Ich selbst war in einem negativen Sinne sehr von Husserl abhängig. Ich denke nicht, daß er jene sich selbst begründende Fundierung unseres Denkens aufgefunden hat. Aber sein Bemühen war darum nicht vergebens; ich glaube vielmehr, daß die Phänomenologie in unserem Jahrhundert der bedeutendste und ernsthafteste Versuch war, zu den letzten Quellen des Wissens zu gelangen. Es ist für die Philosophie von höchster Bedeutung zu fragen: warum schlug dieser Versuch fehl und warum mußte er (wie ich glaube) zwangsläufig scheitern?

Die Krankheit des Skeptizismus: Freiheit von der Wissenschaft. Auf den ersten Blick scheint die Phänomenologie eine sehr »technische« Weise des Philosophierens zu sein. Sie ist bestrebt, eine »Wissenschaft«, nicht eine Weltanschauung zu sein. Aber ihr weltanschaulicher Impuls kommt immer wieder zum Vorschein. Husserl selber erwartete, daß seine Methode eine gewichtige Rolle bei der Rettung der europäischen Kultur vor dem Niedergang im Skeptizismus spielen würde. Wie jeder Philosoph ist er verstehbar nur vor dem Hintergrund und im Kontrast zu der philosophischen Kultur, die er scharf kritisiert hat. Die antididaktische Schreibweise in vielen seiner Werke entmutigte freilich die Leser: für Husserl zählte einzig die strenge Zucht des Gehalts. Dadurch bleibt sein weltanschaulicher Impuls oftmals verdeckt. Gleichwohl kommt er mitunter deutlich zum Vorschein (so in *Philosophie als strenge Wissenschaft* oder in *Krisis*). Und zwar im Grunde ohne zu wissen, daß wir kaum wissen können, welchen Zweck seine Philosophie verfolgt.

Der Begriff der Gewißheit kann als der Schlüssel zu Husserls Denken betrachtet werden. Er bemerkte, daß das Vorhaben einer »wissenschaftlichen« Philosophie in dem von deutschen Denkern während der zweiten Hälfte des 19. Jahrhunderts popularisierten Sinne irreführend und gefährlich war. Das Schlagwort von der »Wissenschaftlichkeit« schmuggelte eine Ablehnung dessen ein, was für Wissenschaft im genuinen – platonischen – Sinn, die europäische geistige Tradition hindurch, gehalten wurde. Es verwischte die grundlegende Distinktion zwischen *doxa* und *epistēme*, zwischen Meinung und Wissen. Indem die Tradition des Deutschen Idealismus aufgegeben wurde, gab die Philosophie ihre Unabhängigkeit von den Wissenschaften auf. Sie begann damit, sich selbst entweder als eine Synthesis der Wissenschaften oder als eine psychologische Analysis zu betrachten. Selbst neue Varianten des Kantianismus bewegten sich auf den psychologischen Standpunkt zu und erklärten das Kantische Apriori nicht als eine Sammlung von transzendentalen Bedingungen des Erkennens (gültig für jedes beliebige vernunftbegabte Wesen), sondern als spezifische Qualitäten der menschlichen Psyche, und dies führte verhängnisvollerweise zu einem Gattungs-Relativismus.

Husserls Begriff einer »wissenschaftlichen Philosophie« war davon gänzlich verschieden. Philosophie darf keinesfalls irgendwelche vorgefertigten Resultate von den Wissenschaften akzeptieren und sie »generalisieren«. Ihre Berufung ist vielmehr, die Bedeutung und Fundierung dieser Resultate zu erforschen. Philosophie muß nicht eine »Krönung« oder Synthese, wohl aber eine Bedeutung-fundierende Tätigkeit sein, die den Wissenschaften logisch vorausgeht, da sie dazu unfähig sind, sich selbst zu interpretieren. Die Idee einer Erkenntnistheorie, die auf einer Wissenschaft basiert wäre, insbesondere auf Psychologie, ist in empörendem Maße absurd.

An eine psychologische Erkenntnistheorie zu glauben, liefe darauf hinaus, daß wir befugt wären, die Resultate einer besonderen Wissenschaft zu akzeptieren, um den Anspruch einer jeglichen Wissenschaft auf Objektivität zu legitimieren oder alle Wissenschaften mit Bedeutung auszustatten; das aber schließt offensichtlich einen circulus vitiosus ein. Folglich nahm Husserl die antiskeptizistische Tradition der europäischen Philosophie auf – die Tradition eines Plato, Descartes, Leibniz und Kant, von denen jeder gefragt hatte: (1) Was darf bezweifelt werden und was nicht? (2) Sind wir berechtigt zu fragen (und zu antworten) nicht nur »wie ist die Welt?«, sondern auch »wie muß die Welt sein?«, und was ist der Sinn und Zweck der letzten Frage?

Husserl glaubte, daß die Suche nach Gewißheit für die europäische Kultur konstitutiv war, und daß der Verzicht auf diese Suche auf die Zerstörung dieser Kultur hinauslaufen würde. Husserl hatte wahrscheinlich recht: die Geschichte von Wissenschaft und Philosophie wäre in der Tat unverstehbar, wenn wir das Trachten nach solch einer Gewißheit unterlassen würden, einer Gewißheit, die mehr als in einem nur praktischen Sinn zu befriedigen vermag; ein Trachten nach Wahrheit, das verschieden vom Streben nach technisch zuverlässigem Wissen ist. Wir brauchen nicht zu erklären, warum wir nach Gewißheit Ausschau halten, wenn Zweifel unser praktisches Leben behindert; aber das Bedürfnis nach Gewißheit ist nicht so augenfällig, wenn keine direkten, indirekten oder auch nur möglichen praktischen Überlegungen einbezogen sind. Jeder Gymnasiast lernt, daß Geometrie, im wörtlichen Verstande, von dem Erfordernis herrührt, Land zu vermessen. Dennoch würde es schwerfallen zu erklären, wie nötig das axiomatische System des Euklid – ein System, das wir heute als Wunder bestaunen – bei der Landvermessung war. Wir wissen, wozu Arithmetik dient, aber keinerlei praktische Erfordernisse könnten Euklid dazu angeregt haben, seinen wohlbekannten, bewundernswerten Beweis aufzustellen, daß die Menge der Primzahlen unendlich ist. Man kann sich kaum vorstellen, inwiefern das Wissen, daß die Menge der Primzahlen eher endlich denn unendlich sei, überhaupt einen praktischen Unterschied machen würde. Keine praktische Überlegung kann die großen Wendepunkte in der Geschichte des Wissens erklären, selbst wenn sich ihre Ergebnisse später als von großem praktischen Nutzen erweisen. Daß dies oftmals der Fall ist, beweist, daß die Menschen niemals technisch ertragreiche Wissenschaft hervorgebracht haben würden, wenn sie nicht erwartet hätten, aus ihrem Wissen mehr als nur technischen Nutzen zu ziehen, und nicht nach Wahrheit und Gewißheit als Werten an sich geforscht hätten. Dies bestätigt die Ansicht, daß es sich in der Wissenschaft zuletzt bezahlt macht, ihre mögliche Nützlichkeit zu vernachlässigen, aber es erklärt nicht, warum die Menschen sie tatsächlich vernachlässigten: nur das Ergebnis, nicht die Gründe für diese Suche werden uns offenkundig.

Die Aufgabe, die die europäische Philosophie von allem Anfang an und nicht erst seit Descartes übernommen hat, war diese: scheinbare Gewißheiten zu zerstören, um »echte« zu erlangen; an allem zu zweifeln, um sich selbst vom Zweifel zu befreien. In der Regel erwiesen sich die Ergebnisse solcher Destruktion als wirksamer und überzeugender als die positiven Programme; Philosophen sind immer stärker im Zerschlagen alter denn im Errichten neuer Gewißheiten gewesen. Es gab zwei Bereiche, in denen gesunder Menschenverstand die Quellen der Gewißheit suchte: unmittelbare Wahrnehmungen und die Wahrheiten der Mathematik (zumindest jene unmittelbar verständlichen). Die Frage der Gewißheit tauchte auf, als Philosophen damit begannen, die Gewißheit der sinnlichen Wahrnehmung zu kritisieren, indem sie – Augen und Ohren als »falsche Zeugen« brandmarkend – die Sinnestäuschungen erörterten und die sinnlich wahrnehmbaren Eigenschaften der Dinge eher dem Wahrnehmenden als dem Wahrgenommenen zuschrieben. Die Unterscheidung zwischen »richtigen« Wahrnehmungen und Täuschungen konnte die Zweifel kaum mehr ausräumen, seitdem leicht zu bemerken war, daß wir dasjenige, was wir über die Welt wissen, aufgrund von Wahrnehmungen wissen. In diesem Fall verfügen wir prinzipiell über keinerlei Handhabe, den Inhalt von Wahrnehmungen mit dem »Original«, das wir aus anderen Quellen kennen, zu konfrontieren und deren Übereinstimmung zu prüfen. Und den mathematischen Lehrsätzen gegenüber wurde eingewendet, daß ihre scheinbare Gewißheit lediglich darin begründet war, leere Tautologien zu sein, die uns nichts über die Welt aussagen. Dieser Verdacht, daß mathematische Erkenntnis ihre Gewißheit ihrem analytischen Charakter schuldet, war schon von der antiken Skepsis in einer etwas anderen Form artikuliert worden: nämlich als Einwand, daß deduktives Denken stets eine *petitio principii* impliziert, insofern die Schlüsse immer schon in den Prämissen enthalten seien. Dies bereitete den Skeptizisten den Boden für ihre pragmatische Interpretation des Wissens – da wir niemals die letzten Quellen der Gewißheit erreichen können, sollten wir unser Wissen nicht als wahr im geläufigen Sinn, sondern als eine Mannigfaltigkeit von praktischen Instruktionen und Orientierungszeichen betrachten, die zwar unerläßlich sind, um dem Leiden zu entgehen, uns aber nicht verraten, wie die Welt ist, geschweige denn wie sie sein muß. Die antiken Skeptiker haben eigentlich schon alles gesagt, was moderne Positivisten sagen würden: es gibt keine synthetischen Urteile a priori; und was immer notwendig ist in unserem Wissen, ist vollständig in analytischen Urteilen enthalten, die unseren Sprachgebrauch regulieren, sonst aber leer sind. Was gewiß ist, sind die Inhalte einzelner Wahrnehmungen, deren nachträgliche Akkumulation zu einem sogenannten »Naturgesetz« für das Leben zwar notwendig, logisch jedoch arbiträr ist, denn wir können nicht Induktion legitimieren ohne induktives Denken, das heißt, ohne circulus vitiosus. Empirisches Wissen unterscheidet sich nicht von bedingten Reflexen, außer daß Menschen, anders als andere Lebewesen, über bessere Methoden verfügen, das Wissen zu akkumulieren und es ihren Nachkommen zu tradieren. Was wir wirklich kennen, sind nutzlose einzelne Wahrnehmungen, nach deren ontologischer Bedeutung wir nicht fragen dürfen; wenn wir gleichwohl über dieses Wissen hinausgehen, so nicht, weil wir logisch dazu berechtigt wären, sondern weil wir sonst nicht leben könnten. Nächst den analytischen Wahrheiten der Mathematik (und Logik) und empirischen Aussagen, die auf ihr *hic et nunc* beschränkt bleiben, gibt es nur sehr wichtige Aussagen der empirischen Wissenschaften, die großen praktischen Nutzen haben, aber es wäre mißbräuchlich, sie »Wahrheit« zu nennen. Seitdem wir Schiffe und Dampfer bauen, haben wir uns zu verhalten, als ob das archimedische Gesetz gültig sei – andernfalls würden wir ertrinken. Aber wir haben keinen Anlaß zu behaupten, daß es solch eine beständige Eigenschaft der Welt wie das archimedische Gesetz [sie aussagt] gibt.

Vergebliche Versuche der Bestimmung von Gewißheit. Transzendentales Denken hat in seinen verschiedenen Formen gegen diese irritierenden Schlüsse rebelliert. Descartes traf zwei Distinktionen, deren Gültigkeit entscheidend für das Geschick der Frage nach Gewißheit ist:

(1) Die Distinktion zwischen dem subjektiven Gefühl von Evidenz und der objektiven Evidenz der Wahrheit.

(2) Die Distinktion zwischen »moralischer« und metaphysischer Gewißheit.

Beides hat sich als wenig hilfreich herausgestellt. Daß das Gefühl von Evidenz nicht dasselbe ist wie das Wissen, daß die Evidenz im Akt der Wahrnehmung wohnt, folgern wir nur aus der Tatsache, daß wir oftmals genötigt werden, dieses Gefühl später als trügerisch zu verwerfen (herbeigeführt, zum Beispiel, durch einen pathologischen Geisteszustand), aber dies impliziert nicht, daß wir ein Kriterium haben, das uns »subjektive« Gewißheit von »echter« Gewißheit, die von dem Objekt ausstrahlt, zu unterscheiden ermächtigt. Und Descartes war außerstande, solch ein Kriterium ohne die Hilfe einer ›göttlichen Wahrhaftigkeit‹, die unser Vertrauen in den gesunden Menschenverstand wiederherstellt, aufzustellen. Aber schon die ersten Kritiker bemerkten einen *circulus vitiosus* in seinem Denken: Descartes hatte von dem Kriterium der Evidenz Gebrauch gemacht, um die Existenz Gottes zu erweisen, und dann benutzte er Gott, um das Kriterium der Evidenz für gültig zu erklären.

Wir sind kaum besser daran, wenn wir die zweite Distinktion, diejenige zwischen moralischer und metaphysischer Gewißheit, besprechen. Wir sind eines Urteils moralisch gewiß (nach Descartes), wenn es bis zu einem solchen Grad begründet ist, daß wir es vielleicht für alle praktischen Zwecke akzeptieren und in unserem Denken davon Gebrauch machen. Metaphysische Gewißheit hingegen gibt den Urteilen eine Qualität, die jene nicht nur praktisch zuverlässig, sondern in einem apodiktischen Sinne unerschütterlich macht. Und um uns ferner davon zu überzeugen, daß es solche Urteile überhaupt gibt, müssen wir an die Wahrhaftigkeit Gottes appellieren. Für Descartes ist der Unterschied kein gradueller der Wahrscheinlichkeit, sondern ein wesentlicher. Für alle praktischen Zwecke ist die moralische Gewißheit hinreichend. Mehr als nur unser technisches Können zu verbessern, ist für Descartes jedoch erforderlich, uns eine bedeutungsvolle Welt-Ordnung und unseren Platz in ihr entdecken zu helfen; und das schließt nicht nur den Akt des cogito ein, sondern die ganze Kette der Schlußfolgerung, die uns zum göttlichen Gründer des Seienden führt.

Wenn Descartes nach dem ersten Schritt, dem »cogito«, innegehalten hätte, wäre seine Entdeckung unfruchtbar geblieben. Ich wüßte nichts mehr als »Ich bin«, ohne sagen zu können, was dieses »bin« bedeutet, oder diese Wahrheit mit einer universalen Bedeutung ausstatten zu können. Tatsächlich kann jenes cogito nur in der ersten Person Singular ausgedrückt werden, und es wäre absurd zu sagen »Hans denkt, also existiert Hans«. Descartes selbst hat nachdrücklich betont, daß das cogito, trotz des in ihm enthaltenen »ergo«, nicht eigentlich eine Schlußfolgerung, sondern ein unteilbarer Akt sei, ein Akt, in dem ich meine eigene Existenz als die eines denkenden Wesens ergreife. Erst nachdem die wirkliche Existenz Gottes als unbedingt erwiesen scheint und mit Ihm die bedeutungsvolle Ordnung der Welt und das Vertrauen in unsere Sinne wiederhergestellt ist, können wir wissen, wozu »metaphysische Gewißheit« taugt. Aber dieser Übergang vom cogito zu Gott zeigte von Anfang an so viele logische Lükken, daß sich die Wirkung von Descartes' Bemühen als seinen Intentionen zuwiderlaufend herausstellte: seine kritischen Bemerkungen über die Zuverlässigkeit geläufiger Methoden des Erkennens erschienen viel zwingender als sein Bestreben, einen festen Grund für eine neue Art von Gewißheit zu bauen; die skeptische Seite funktionierte besser als die logisch gebrechliche Rekonstruktion des Universums zu einer sinnvollen Ordnung.

Auf Descartes zurückzugehen, ist nicht nur nützlich, weil er alte

Einwände gegen die Zuverlässigkeit von Wahrnehmung wieder-
aufgenommen und dadurch dem modernen Idealismus den
stärksten Anstoß gegeben, sondern weil seine Distinktion zwischen moralischer und metaphysischer Gewißheit die Möglichkeit geschaffen hat, Wahrheit von Wahrscheinlichkeit in der
Weise zu unterscheiden, daß »wahrscheinlich« fortan weder
»der Wahrheit ähnlich«, noch »der Wahrheit näher kommend«
oder »eine ungenaue, unvollkommen begründete Wahrheit«,
sondern eher der bloße Schein der Wahrheit, eine Pseudo-Wahr-
heit heißt. Es stellte sich heraus, daß, wenn wir erst einmal die
Idee einer unbedingt gewissen (und nicht analytischen) Wahrheit
aufgegeben haben, wir überhaupt keinen Begriff von Wahrheit,
den aufzustellen wir ohnehin nicht mehr fähig wären, brauchen;
sobald wir nicht mehr in der Lage sind zu sagen, wie die Welt
sein muß, können wir auch nicht mehr sagen, wie sie ist. Dies
war das wichtige Ergebnis späterer positivistischer Kritik: wenn
absolute Wahrheit und metaphysische Gewißheit entschwinden,
geht ebenso die Wahrheit überhaupt *tout court* verloren; sobald
wir synthetische Urteile a priori verwerfen, ist der Begriff der
Wahrheit leer. Die Distinktion zwischen dem, was *akzeptabel* ist
und was nicht, bleibt natürlich erhalten; aber, akzeptabel zu sein,
bedeutet eben nicht, »als wahr akzeptabel zu sein«. Es bedeutet
eher, »der Erfahrung zu entsprechen« als »der Welt, wie sie
wirklich ist«. Wissenschaft bedarf nicht mehr. Sie kann den Begriff der Wahrheit nicht wie die Übereinstimmung mit Dingen

mit Bedeutung ausstatten. Wahrscheinlichkeit zu messen, meint nicht, den Abstand von der Wahrheit in einem transzendentalen Sinn zu »messen« – als ob wir im Vorhinein wüßten, wo die Wahrheit sich aufhält, um unseren Abstand von ihr einzuschätzen (wenn wir es wüßten, wären wir immer schon da, und es gäbe keinen Abstand mehr). Schon die Aufgabe, Wahrheit im geläufigen (transzendentalen) Sinn zu erreichen, erschiene als Selbst-Widerspruch; über die Welt an sich Bescheid zu wissen, läuft auf ein Wissen über eine Welt hinaus, die gänzlich unabhängig ist von dem Umstand, gewußt zu werden, i. e. auf die Erzeugung einer Erkenntnis-Situation, die das Objekt des Erkennens nicht umfaßt, oder einer Erkenntnis-Situation, die keine ist. Das war ungefähr das Ergebnis jener Art und Weise, in der Descartes und Hume von deutschen und französischen Empiristen am Ende des 19. Jahrhunderts interpretiert wurden, insbesondere von Mach und Avenarius. Sie argumentierten, daß wir nicht nach der Welt fragen können, ohne die Welt in dem bloßen Akt des Fragens selbst schon zu umfassen, und daß deshalb der Akt des Fragens nicht von dem Inhalt der Frage beseitigt werden kann. Folglich kann eine Frage in bezug auf die »unabhängige Welt« überhaupt nicht gestellt werden, da der bloße Akt des Fragens Interdependenz statuiert. Nach dem Seienden an sich zu fragen, heißt zu fragen, wie die Welt zu erkennen sei, ohne sie zu kennen. Aus dieser Sicht erweisen sich die Fragen von Descartes, Locke und Kant als falsch formuliert. Die Erkenntnis-Tätigkeit

sollte ihren wirklichen, biologisch determinierten Sinn enthüllen. Erkennen ist eine gewisse Verhaltensweise des menschlichen
Organismus, und seine Funktion besteht darin, das Gleichge-
wicht wiederherzustellen, das beständig gestört wird durch Sti-
muli aus der Umgebung. Die Prädikate »wahr« und »falsch« lassen sich nicht in der Erfahrung finden (vergleichbar den
Prädikaten »gut« oder »schlecht«, »schön« oder »häßlich«). Sie
gehören zur menschlichen Interpretation der Erfahrung. Alle
Erkenntnis-Tätigkeit, philosophisches und religiöses Denken
eingeschlossen, muß als eine Art biologischer Reaktion betrachtet werden. Erkennen ist möglich, und Wissen ist möglich – nicht
aber eine Theorie des Wissens, die dessen Anspruch auf »Objektivität« legitimieren würde.

Warum sollen wir logisch denken? Die Resultate dieser Kritik
– insbesondere der Verzicht auf »Wahrheit« und »Gewißheit«
im traditionellen Sinn – lief in Husserls Augen auf die Zerstörung
der europäischen Kultur hinaus. Die Interpretation der Logik in
empirischen Kategorien, oder »Psychologismus« in der Logik,
erschien ihm besonders gefährlich und destruktiv. Es war für ihn
natürlich, bei dieser Frage einzusetzen, da über die Möglichkeit
von Gewißheit erst entschieden werden kann, wenn wir wissen,
wie die formalen Bedingungen für die Richtigkeit des Denkens

zu rechtfertigen sind. Wie können wir wissen, daß zwei widersprüchliche Urteile nicht beide wahr sein können? Warum glauben wir, daß logische Regeln gültig sind, oder daß unser Denken ihnen gehorchen *sollte*? Der Psychologismus in seiner radikalen Version bestand in der Behauptung, daß Logik die Gesetze des Denkens *beschreibe*, und daß das Denken ein psychologischer Prozeß sei. Folglich sagen uns logische [Lehr-]Sätze, wie wir denken. Sie beschreiben Regelmäßigkeiten, die einen gewissen Bereich des menschlichen Verhaltens leiten. *Warum* wir diesen Regeln entsprechend denken, geschieht entweder, weil unser Gehirn so eingerichtet ist, daß wir nicht anders können, oder weil sie unsere psychologischen Prozesse lenken (wie immer deren Konnex mit dem Gehirn beschaffen ist). Logik als Wissenschaft ist nichts anderes als eine abstrakte Beschreibung empirischer psychologischer Tatsachen.

Husserl war sich sicher, daß Psychologismus in Skeptizismus und Relativismus enden, daß er Wissenschaft unmöglich machen und das gesamte geistige Vermächtnis der Menschheit vernichten würde. Nach Natorp, Frege und Bolzano (der, seiner Meinung nach, den Widersacher nicht durchweg bezwungen hatte) war es Husserl, der den Psychologismus attackierte. Er versuchte zu zeigen, daß die Theorie sich selbst widersprach, daß sie auf der Vermengung von Urteilsinhalten mit den Akten des Urteils basiert war, und daß sie den der Logik tatsächlich zugeschriebenen Sinn in einer absurden Weise völlig verdreht. Für Gefolgsleute des Psychologismus, so argumentierte er, statuieren die Regeln der Logik, weit davon entfernt, verbindliche Richtlinien zu sein, bloß empirische Fakten. Die [Schluß-]Folgerungen des Denkens sind dann keine logischen Schlüsse mehr, sondern kausale Beziehungen zwischen Tatsachen unseres Bewußtseins. Die Aussage, daß der Satz »alle Hunde sind Säugetiere« den Satz »einige Säugetiere sind Hunde« nach sich zieht, bedeutet durchaus nicht, daß etwas logisch aufeinander folgt. Sie legt nur eine kausale Beziehung zwischen zwei Akten der Anerkennung in bezug auf jene zwei Urteile offen. Mysteriöse Naturgesetze verbinden diese zwei Akte zu einer kausalen Sukzession von Ereignissen. Folglich sind logische Regeln bedingt, wenn nicht durch Individuen, so doch zumindest durch die menschliche Spezies. Folglich hindert uns nichts in der Annahme, daß sie keine universelle Gültigkeit haben und daß sie diese für einen anderen wahrnehmungsfähigen Organismus vielleicht verlieren könnten; möglicherweise verlieren sie diese Gültigkeit auch für uns, wenn Evolution einige Mechanismen unseres Nervensystems ändert. Vielleicht gibt es eine Welt, wo vernunftbegabte Wesen dem Prinzip »wenn p, dann non-p« gemäß denken.

Was ist irrig an solch einem Gedanken? Eine ganze Menge, in Husserls Sicht. Es gibt in seiner Kritik traditionelle antiskeptizistische Argumente: die Worte »wahr« und »falsch« haben eine wohl-definierte Bedeutung in unserer Sprache; wer immer sagt, daß ein Urteil für eine Spezies vielleicht wahr und für eine andere unwahr sein kann, kann das Wort »wahr« nicht im üblichen Sinn verwenden, solange er gleichzeitig seiner Aussage den Wert der Wahrheit im üblichen Sinn beilegt. Wir können nicht die Bedeutung von »wahr« und »falsch« beibehalten, solange wir den Satz vom Widerspruch verleugnen. Der Hinweis, daß einige denkende Wesen sich daran nicht halten, bedeutet entweder, daß sie irrig denken – was unter Menschen ebenso vorkommt, daß sie aber unlogisch denken, ist kein Argument gegen die Gültigkeit der Logik – oder daß sie in einer Welt leben, in der »die Wahrheit« dem Satz vom Widerspruch nicht unterworfen ist, was mithin zeigt, daß das Wort »Wahrheit« dort nicht den Sinn haben kann, den wir ihm beilegen. Schon der Begriff von Wahrheit macht es unmöglich zu sagen, »es gibt keine Wahrheit«, denn dies würde bedeuten, »es ist wahr, daß nichts wahr ist«. Wenn gleichwohl die Wahrheit ihre Quellen in Gattungseigenschaften des Menschen hat, impliziert dies, daß etwas nur wahr ist, wenn es als solches akzeptiert wird; und das heißt präzise, daß es keine Wahrheit ohne Menschen gibt – daß »es wahr ist, daß nichts wahr ist«. Ferner müssen wir, dem geläufigen Sinn des Wortes entsprechend, sagen, daß, was immer geschieht, die Aussage, *daß* es geschieht, wahr ist; wenn es keine Wahrheit gibt, dann gibt es auch keine Welt, über die die Wahrheit ausgesagt werden könnte; oder wir sind gezwungen zuzugeben, daß bereits die Existenz der Welt von der Konstitution der menschlichen Spezies abhängt. Die aber, die dies behaupten, berufen sich auf die

Existenz eines Konnexes zwischen unserem Denken und den biologischen Tatsachen der menschlichen Evolution, und sie akzeptieren diesen Konnex als wahr, wiederum einem *hysteron proteron* anheimfallend.

Der Psychologismus, so argumentiert Husserl, versäumt, zwischen dem Urteilsinhalt und dem Akt des Urteilens zu unterscheiden. Meine Affirmation des Urteils, daß $2 + 2 = 4$ ist, ist [zwar] kausal bestimmt, aber es wäre absurd zu behaupten, daß die Wahrheit dieses Urteils kausal bestimmt sei. Sonst wären wir gezwungen zuzugeben, daß Wahrheit im Akt ihres Gedachtwerdens entspringt, oder daß das pythagoreische Theorem erst in dem Augenblick, da es von Pythagoras ausgesprochen wurde, seine Gültigkeit erlangte.

Und so errichtete Husserl gegen den Psychologismus sein Programm einer reinen Logik, deren Gültigkeit nicht von der Psychologie oder irgendeiner anderen Wissenschaft abhängt, weder von empirischen Fakten, noch von der Existenz der menschlichen Spezies oder der Welt, weder von Kausalbeziehungen, noch von der Zeit. Der Arithmetik vergleichbar ist Logik auf der Bedeutung idealer Kategorien basiert, die in allen Bereichen des menschlichen Wissens Verwendung finden. Diese Bedeutungen haben jedoch keinen den platonischen Ideen ähnlichen ontologischen Status. Tatsächlich ist ihr ontologischer Status nicht ganz klar: sie sind weder autonome ideale Entitäten, noch psychologische Akte. Sie bilden die Sphäre der transzendentalen Normen im Kantischen Sinne. Sie scheinen Entitäten a priori zu sein, die nicht nur für unsere Spezies gültig sind, sondern universelle Regeln der Rationalität enthalten. Logik und Mathematik beschäftigen sich beide mit idealen, ewigen Objekten. Die Wahrheit ist ewig, also sind es die Gesetze der Logik (»ewig« meint nicht »immerwährend«, sondern »zeitlos«). Die Wahrheit der Gleichung $2 + 2 = 4$ hängt nicht davon ab, ob zählbare Objekte vorhanden sind oder nicht; das Gesetz »entweder p oder non-p« hängt nicht davon ab, ob Menschen vorhanden sind, die denken und schließen, oder nicht. Diese Wahrheit ist [vielmehr] bezogen auf alle möglichen Urteile als ideale Bedeutungen. Es ist für die Gültigkeit des Satzes vom Widerspruch irrelevant, ob es psychologisch möglich ist oder nicht, sich darüber hinwegzusetzen. Selbst wenn wir so beschaffen sind, daß wir tatsächlich in Übereinstimmung mit den Erfordernissen einer bivalenten Logik denken, bedeutet dies nicht, daß logische Gesetze unser Bewußtsein leiten. Im Gegensatz zu empirischen Gesetzen dürfen die logischen nicht annähernd oder mehr oder weniger wahrscheinlich sein; sie riskieren keine Widerlegung durch Erfahrung und sie brauchen keine empirische Bestätigung. Wir wissen sie a priori, dank einer besonderen Art von Einsicht, die uns gestattet, ihre Notwendigkeit genau im Moment ihres Verstehens zu erfassen. Diese Gewißheit ist nicht ein subjektives Gefühl (ein solches Gefühl kann irreführend sein und beweist gar nichts), sie strahlt von der reinen Bedeutung des Urteils aus und ist eine apodiktische Gewißheit, die dieser Bedeutung innewohnt. Husserl nahm die cartesianische Distinktion zwischen apodiktischer »Evidenz« und der psychologischen Empfindung von Evidenz wieder auf. Sein Vorsatz war, den Satz des Protagoras zu bekämpfen, der den Menschen als Maß aller Dinge statuiert, um die unbedingte Gültigkeit der Wahrheit wiederherzustellen und die Kontingenz des Wissens wie seine Abhängigkeit von der menschlichen Spezies aufzuheben.

Daß die Gesetze der Logik von empirischen Fakten unabhängig sind, bedeutet nicht, daß sie Tautologien in dem – in positivistischer Tradition weithin akzeptierten – Sinne wären; sie sind nicht gültig kraft sprachlicher Konventionen (etwa in dem Sinn, daß das Gesetz »wenn p und q, dann q und p« nicht bestritten werden könnte, ohne die Bedeutung des Wortes »und« zu verletzen, ebenso wie der Satz »alle Junggesellen sind unverheiratet« nur von jemandem bestritten werden könnte, der entweder das Wort »Junggeselle« oder das Wort »unverheiratet« bzw. beide nicht versteht). Wenn die Gesetze der Logik von Konventionen der Sprache abhängig wären, in der sie zufällig ausgedrückt werden, wäre die Logik so kontingent wie eben diese Konventionen. Dies ist nicht die Weise, in der Husserl seinen Gedanken zum Ausdruck bringt, aber es ist offensichtlich seine Intention. Sonst (i. e., wenn wir logische Gesetze als Tautologien interpretieren würden) wäre es sinnlos zu sagen, daß sie gültig sind abgesehen von der menschlichen Spezies, vielmehr würden

sie von der Sprache bedingt sein, von jeder gesonderten Volks-
sprache sogar, denn es gibt keine Sprache im allgemeinen, sondern nur besondere Sprachen. Und selbst wenn es wahr wäre,
daß alle bekannten Sprachen gemeinsame, als logische Gesetze
sedimentierte Grundzüge haben, würden wir dennoch innerhalb
der allgemeinen Relativität bleiben – innerhalb einer Art von
»menschlicher Natur« – die nichts erklärt. Die Fragen würden
bleiben: warum nötigen alle Sprachen die Menschen, derselben
Logik gemäß zu denken? Warum bringen sie alle dieselben Konventionen hervor? Natürlich können wir uns vorstellen, daß eine
Antwort in der Anthropologie vielleicht zu finden ist, oder daß
ein Grund für diese Identität in genetischen Umständen oder in
Eigenschaften unseres Nervensystems entdeckt werden wird.
Aber solche Antworten, selbst wenn sie zur Sprache kämen,
würden uns nicht erlauben, über den Gattungsrelativismus hinauszugehen. Für Husserl entscheiden nicht sprachliche Konventionen über die Gültigkeit der Logik, sondern ideale Bedeutungen von Begriffen, und diese Bedeutungen müssen unterschieden
werden sowohl von den gemeinten Objekten als auch von unseren Denk-Akten. Husserls Kritik des Psychologismus enthält
bereits einen wohl-entwickelten Keim seiner späteren Theorie
der transzendentalen Rationalität. Wir wünschen, dem extremen
Skeptizismus zu entkommen, der die Gesetze des Denkens auf
kontingente Eigenschaften einer gewissen Spezies reduziert, die
objektive Gültigkeit unseres Wissens zerstört und die Wahrheit

für eine Funktion unseres Verhaltens hält. Wenn wir erst einmal dem Skeptizismus nachgeben, bestreiten wir uns selbst das Recht, die Welt zu verstehen. Was übrigbleibt ist ein kontingentes, im Gehirn hervorgebrachtes Bild als Ergebnis kontingenter Umstände. Wenn wir das Vertrauen in die Vernunft, in die Gültigkeit des Wissens erhalten und die genaue Bedeutung des Begriffs »Wahrheit« bewahren wollen, dürfen wir die Logik nicht auf psychologische Gesetze gründen. Wir müssen die transzendentale Grundlage der Gewißheit finden.

Dies war der Gedanke, der Husserl von seinen Angriffen auf den Psychologismus zu seinem Programm der Phänomenologie als einer Methode führte, notwendige Strukturen der Welt zu beschreiben, einer Methode, die frei ist von der Hypothek psychologischer Konstruktionen. Und schließlich leitete er ihn zu der Idee eines transzendentalen Bewußtseins, das diese Strukturen als Korrelate seiner eigenen intentionalen Akte konstituiert, – zum transzendentalen Idealismus. Es ist wichtig, eine bestimmte »Logik« in jener Fortbewegung zu begreifen zu suchen, die mit dem Kampf gegen den psychologischen Idealismus im Namen einer »objektiven Gewißheit« begann und mit einer anderen Art von Idealismus endete. Ob diese Entwicklung als ein persönliches [zufälliges] Ereignis in Husserls Denken oder als organisches Ausreifen seiner ursprünglichen Prämissen betrachtet werden darf, diese Frage ist nicht nur historisch, sondern philosophisch bedeutsam.

Was überzeugt und was überzeugt nicht im ersten Stadium von Husserls Suche nach Gewißheit. Sind die Argumente gegen den Psychologismus unwiderleglich? Ist Husserls Idee einer reinen Logik [hinreichend] klar? Natürlich können wir unseren Glauben an die Gültigkeit der Logik nicht auf den Umstand gründen, daß es sich damit verhält, wie Menschen tatsächlich denken, weil Menschen tatsächlich logische Fehler machen; doch selbst die Ermittlung einiger Gruppen von Menschen, die ungeachtet des Widerspruchsprinzips denken und sprechen, würde dieses Prinzip in unseren Augen nicht widerlegen. Husserls Argumente gegen die Behauptung, daß Logik in der Tat eine Beschreibung der Formen tatsächlichen menschlichen Denkens sei, sind überzeugend. Das aber kann man von seinen Argumenten gegen Humes oder Machs Interpretation der Logik nicht sagen, die gerade nicht impliziert, daß logische Gesetze durch psychologische Fakten bewiesen oder gerechtfertigt werden können. Mach behauptet, daß der Begriff der Wahrheit im geläufigen Sinne unbrauchbar, ein Relikt metaphysischer Vorurteile sei. Der empirische Begriff der Annehmbarkeit sei durchaus hinreichend. Wissenschaft ist in seiner Sicht eine Fortsetzung alltäglicher Verhaltensweisen, und sie verwendet dieselben Kriterien der Annehmbarkeit wie der gesunde Menschenverstand. Sie ist eine Art von sozial festgelegtem System der bedingten Reflexe. Wie jedes Nervensystem nach einer gewissen Anzahl von Assoziationen spontan »zugibt«, daß es sich »auszahlt«, gewisse Beziehungen (provisorisch) als gültig aufzustellen, so setzt die »Wissenschaft«, als soziales Organ, die Regelmäßigkeiten in der Natur fest. Menschen haben zusätzliche Instrumente, ihr Wissen zu akkumulieren und es in Sprachform mitzuteilen, und Logik ist nur ein Instrument, das diese Akkumulation ermöglicht; sie *ist* in der Tat bedingt durch die Sprache, nicht aber durch aktuale Denkprozesse. »Annehmbar« bedeutet nicht »als wahr anerkannt«. Das Problem der Wahrheit ist aus dieser Sicht in der Tat unlösbar, nicht wegen irgendeiner Rätselhaftigkeit, sondern weil es falsch gestellt ist. Wissenschaft kann ohne es funktionieren und ohne Anspruch auf transzendentale Dignität zu erheben. Diese Interpretation ist nicht widersprüchlich in sich selbst oder absurd in Husserls Sinn, obwohl sie uns keinen Ausweg aus dem Relativismus offeriert und den Verzicht auf einen Begriff von Wissenschaft impliziert, die als eine stets bessere Kopie der Welt an sich konzipiert ist.

Husserls Kritiker haben wiederholt bemerkt, daß sein Angriff auf den Psychologismus von arbiträren Annahmen, die idealen Einheiten von Bedeutung betreffend, ausging, die keineswegs Hervorbringungen des menschlichen Denkens und unabhängig von menschlicher Psychologie, Biologie und Geschichte wären. Welche Gründe haben wir, an dieses Reich von Bedeutungen zu glauben? Und was ist der *modus essendi* dieser Entitäten, die weder platonische Ideen noch psychologische Akte sind? Welche anderen Gründe könnten wir zu ihren Gunsten vorbringen, außer daß wir andernfalls den Anspruch der Wissenschaft auf »Wahrheit« im traditionellen Sinn nicht legitimieren können?

Husserl versäumte, ähnlich wie Descartes, eine klare Distinktion zwischen psychologischer und objektiver Gewißheit vorzusehen. Er spricht von Einsicht als einer besonderen Erfahrung, aber Erfahrung ist ein psychologischer Tatbestand, und wie können wir dann über Bedeutung, unabhängig von solchen Tatbeständen, sprechen? Diese besondere Erfahrung wird zweifellos unterstellt, Bedeutung zu entdecken, nicht sie hervorzubringen, aber wie können wir uns überzeugen, die eigentliche Bedeutung erreicht zu haben? Die Kriterien, um zwei Arten von Gewißheit zu unterscheiden, fehlen uns. Wahrscheinlich wird sich der grundlegendste Inhalt der Erfahrung als nicht kommunikabel erweisen. Gewiß, alle Inhalte sind inkommunikabel. Aber Gültigkeit ist in menschlichem Wissen nur solchem verliehen, was sprachlich kommunizierbar ist (wenigstens in der Wissenschaft), und die Erfahrung der Gewißheit in Husserls Sinn erscheint so inkommunikabel wie eine mystische Erfahrung.

Piagets Theorie ist eine psychologische Interpretation der Logik, die Husserls Argumenten widersteht. Er versuchte zu zeigen, wie die Normen des Denkens phylo- und ontogenetisch unter der Einwirkung von drei Faktoren geformt worden sind: der sozialen Kommunikation (die allein erst das Bedürfnis, etwas unter Beweis zu stellen und den eigenen Standpunkt zu begründen, erzeugen kann), der praktischen Handhabung von Gegenständen in früher Kindheit und der Sprache (die letztere ist zwar nicht eine hinreichende Bedingung für die Auferlegung logischer Schemata, aber sie ermöglicht deren Artikulation). Uns ist der Verstand als *tabula rasa* nicht bekannt, wir finden [vielmehr] einige kognitive Schemata [schon] in frühesten Verhaltensformen vor, und die Wechselwirkung dieser Schemata und neuer Wahrnehmungen bringt die sozial akzeptierten Normen der Logik hervor. Das Widerspruchsprinzip ist eine notwendige Bedingung jeder menschlichen Zusammengehörigkeit und Kommunikation, und das ist es, was es [das Prinzip] zu einer universellen Norm des Denkens macht. Logische Regeln haben nicht [schon] Gültigkeit vor ihrer tatsächlichen Konstituierung im sozialen Leben und im Denken; sie werden als Formen praktischer Kommunikation unter Menschen geschaffen. Das gleiche kann von arithmetischen und geometrischen Begriffen ausgesagt werden. Gemäß Piaget wäre es albern zu sagen, daß das Sonnensystem »in der Natur selbst« neun Planeten habe; so etwas wie »neun« gibt es nicht in der Natur; die »Neun« als eine mögliche

Eigenschaft gewisser Systeme in der Welt entsteht mit dem Gegenwärtig-werden von »neun« in unserem Denken, Verhalten und Sprechen. Logik braucht nicht in der Erfahrung gerechtfertigt zu werden, sondern Erfahrung macht [jenes] Begriffsinstrumentarium möglich, das logische Regeln mit »Wahrheit« ausstattet. Dies ist gewiß ein allgemeiner Relativismus, der keine erkennbaren philosophischen Konsequenzen in Piagets Schriften hat. Die Frage bleibt: wie können wir den allgemeinen Relativismus von innen, i. e. im Rahmen des historisch von unserer Spezies hervorgebrachten Begriffsgefüges überwinden? Wie können wir objektive Gewißheit für gültig erklären, ohne uns von der Abhängigkeit von unserer biologischen und historischen Konditionierung zu befreien?

Die Kontroverse zwischen der psychologischen und Husserlschen Interpretation der Logik ist die Kontroverse zwischen Empirismus und dem Glauben an die transzendentale Vernunft. Nach Leibniz war Husserls Philosophie das stärkste Argument zugunsten der Behauptung, daß der Begriff der Wahrheit vom empiristischen Standpunkt aus sinnlos sei ebenso wie der Begriff von Wissenschaft als der Suche nach Wahrheit. Gegner der transzendentalen Einstellung akzeptieren diesen Schluß nicht gerne. Wenn Popper argumentiert, daß wir in der Entwicklung der Wissenschaft auf empirischem Grund gewisse Hypothesen als der Erfahrung widersprechend eliminieren können, daß aber eine solche Eliminierung die rivalisierende Hypothese niemals

als wahr begründet, dann sollte er den Schluß ziehen, daß wir nie in der Lage sind und niemals sein werden, die Möglichkeit auszuschließen, daß unser Wissen von der Welt ganz aus falschen Behauptungen zusammengesetzt ist. Wenn dem jedoch so ist, hat es keinen Sinn, von der Entwicklung der Wissenschaft als einer näher und näher an die Wahrheit heranführenden Bewegung zu sprechen. Und doch ist dies genau die Art, wie Popper die Wissenschaft betrachtet. Ich glaube, daß er in diesem Punkt irrt. Ich denke [vielmehr], daß, wer immer die transzendentalistische Idee durchweg zurückweist, nicht nur die »absolute Wahrheit«, sondern Wahrheit *tout court* und nicht nur die schon errungene Gewißheit, sondern auch die Gewißheit als Hoffnung zurückweisen muß.

Man könnte behaupten, daß die Kontroverse nicht unter Berufung auf Prämissen geschlichtet werden kann, denen die Antagonisten – ein Empirist und ein Transzendentalist – beide als gültig zustimmen würden. Der Empirist wird behaupten, daß transzendentale Argumente [stets] die Existenz eines Bereichs von idealen Bedeutungen einschließen, und daß wir keinen empirischen Grund haben, daran zu glauben. Der Transzendentalist wird behaupten, daß gerade dieses soeben von dem Empiristen vorgebrachte Argument das Monopol der Erfahrung als der höchsten Instanz unseres Denkens impliziert, daß diese bevorrechtigte Stellung [jedoch] exakt in Frage steht, und daß es willkürlich ist, ein solches Monopol zu errichten. Der Transzendentalist nötigt den Empiristen, dem Begriff der Wahrheit – um der Folgerichtigkeit willen – zu entsagen; der Empirist nötigt den Transzendentalisten zu dem Geständnis, daß er, um den Glauben an die Vernunft zu bewahren, verpflichtet ist, ein Reich von Seiendem (oder Quasi-Seiendem) anzuerkennen, das er nicht rechtfertigen kann. Es war Husserls großes Verdienst: diese Diskussion an ihren äußersten Punkt geführt zu haben.

Zweites Kolleg: Der Weg

Das Bedürfnis, über den Zweifel hinauszugehen. Husserls scharfe Kritik am Psychologismus ist auf die Annahme gegründet, daß unser Denken keine Garantie hat, »die Sachen« zu erreichen, es sei denn, wir gelangen zu einer absolut ursprünglichen Einsicht, die zwei Bedingungen erfüllt. Sie muß erstens unabhängig davon sein, daß »Ich«, das erkennende Subjekt, eine psychologische Person bin, in soziale und historische Verhältnisse verwickelt und biologisch determiniert. Sie darf zweitens nicht nur »Tatsachen« erreichen, sondern muß Zugang zur universalen Wahrheit gewähren – zu etwas, das nicht nur *hic et nunc* ist, sondern »notwendige« Beziehungen in der Welt aufdeckt. Diese beiden Postulate hat Husserl in zwei Merksätzen ausgedrückt: »zurück zu den Sachen selbst« und »Philosophie soll eine strenge Wissenschaft sein«. Der erste Merksatz enthält zwei spezifischere Forderungen: erstens, wir sollten uns davon überzeugen, daß die Wahrheit, die wir gewinnen, unabhängig von philosophischen Vorurteilen oder künstlichen Abstraktionen und in einer absolut ursprünglichen Einsicht verwurzelt ist; zweitens, nichts darf akzeptiert werden, außer wenn es in dieser ursprünglichen Einsicht begründet ist, und das ist der Beruf der Philosophie – die Bedeutung aller besonderen Wissenschaften zu enthüllen. Philosophie muß autonom – frei von Voraussetzungen – sein und sie darf keine von der Wissenschaft vorgefertigten Resultate akzeptieren. Wenn Philosophen sich einbilden, diese Resultate »generalisieren« zu dürfen, haben sie diese zu akzeptieren, wie sie sind, und damit entsagen sie dem selbstkritischen Radikalismus, der erforderlich ist, wenn der Auftrag der Philosophie – menschliches Wissen als ein Ganzes zu rekonstruieren – verwirklicht werden soll. Ein sinnvolles Verständnis des Wissens kann nicht seiner Anhäufung in besonderen Wissenschaften entspringen. Die wachsende Menge von Fakten, Theorien, Hypothesen und Klassifikationen, die uns gestattet, Ereignisse vorherzusagen und unsere Technologie zu verbessern, hilft uns nicht wirklich, die Welt zu verstehen. Während der Mensch seine Macht über die Natur vermehrt, vergrößert er den Abstand zwischen seinem technologischen Geschick und seiner Verständnisfähigkeit. Die Wissenschaften messen Dinge, ohne zu begreifen, was sie messen; indem sie Erkenntnisakte ausführen, sind sie unfähig, eben diese Akte zu erfassen. Sie können nicht selbsttätig ihre eigene Bedeutung [er-]schaffen und ihr Trachten nach Objektivität rechtfertigen. Husserl kritisiert insbesondere drei intellektuelle Einstellungen, die die »eigentliche« erkenntnistheoretische Frage (im Kantischen Sinn) entweder nicht aufgreifen oder explizit ablehnen. Die erste Zielscheibe ist der *Naturalismus*, der das Bewußtsein als ein Objekt in der

Welt betrachtet, das psychologisch zu erforschen sei. Innerhalb dieser Einstellung können wir vielleicht die Inhalte des Bewußtseins analysieren, aber sie befähigt uns nicht, nach seiner Gültigkeit zu fragen (daß wir Täuschungen von »richtigen« Wahrnehmungen unterscheiden, ist erkenntnistheoretisch irrelevant, da experimentelle Psychologie keine Kriterien bereitstellt, die beweisen, daß die »richtigen« Wahrnehmungen die Dinge auch wirklich erreichen). Die zweite Zielscheibe ist der *Historismus*, in welchem wir Wissen als ein Produkt der menschlichen Geschichte, als eine Vielfalt von Kulturtatsachen analysieren. Auf diese Weise relativieren wir Erkenntnisinhalte, indem wir sie in wechselnden historischen Situationen betrachten, sie genetisch interpretieren und die Distinktion zwischen Wissenschaft als einer kulturellen Tatsache und Wissenschaft als gültigem oder ungültigem Wissen außer acht lassen bzw. Wissenschaft als Gegenstand erkenntnistheoretischer Beurteilung aufheben. Die dritte Zielscheibe ist die *Weltanschauungsphilosophie* in Diltheys oder anderer Version. Sie betrachtet Philosophie als Ausdruck personaler, sozialer oder historischer Werte, die für einen bestimmten Zeitraum oder für eine bestimmte menschliche Gemeinschaft gültig seien. Sie kann nicht (noch will sie) begründen, daß etwas ein wahrer (Erkenntnis- oder anderer) Wert ist, ungeachtet des Zeitraums, der Gemeinschaft oder Person. Trotz Szientismus, Positivismus und Relativismus – all dies sind Keime der Auflösung der europäischen Kultur – sucht Husserl nach einer Methode, die den Anspruch des Wissens auf eine von Geschichte, Personen, Gesellschaft oder biologischen Sachverhalten unabhängige Gültigkeit rechtfertigen könnte. Er sucht nach Kriterien, die ihren Wert behalten, ob die Welt existiert oder nicht.

Folglich hat Philosophie die vorhandene Gesamtheit des Wissens als eines ganzen vorsätzlich zu vernachlässigen: die von der Wissenschaft präsentierte Wirklichkeit ist entweder durch Theorien vermittelt oder nur als ein Strom subjektiver Wahrnehmungen gewußt, die immer in dem Verdacht stehen können, bloße Produkte einer personalen Psyche zu sein. Philosophie muß all die Evidenzen des täglichen Lebens vernachlässigen. Sie lehnt jeden Glauben an die natürliche Einstellung ab, die die Welt als ein fraglos Gegebenes akzeptiert und unfähig ist, sich den Problemen der Existenz und Gültigkeit zu stellen.

Aber es *gibt* eine ursprüngliche Einsicht, wo sich die Sachen selbst dem Bewußtsein direkt, »leibhaftig« und unverzerrt offenbaren. Sie ist weder gewöhnliche Wahrnehmung samt ihren zugrundeliegenden Anschauungen, noch analytisches Wissen. Phänomenologie möchte uns den Zugang zu einer solchen Einsicht eröffnen, um die wesentlichen, sinnbegabten Strukturbeziehungen in der Welt zu ermitteln, die nicht einfach empirisch wahrgenommen werden, sondern, abgesehen von der aktualen Erfahrung, unbedingt notwendig sind. Um eine solche Methode auszuarbeiten, können wir uns nicht auf den empirio-kritizistischen Begriff von der ontologischen Neutralität der Erfahrung verlassen; wir können nicht einfach statuieren, daß Erfahrungs-elemente weder Reflexionen von Dingen noch Kombinationen psychologischer Inhalte seien. Wir können dieses Konzept aus drei Gründen nicht akzeptieren. Erstens löst es nicht das Problem der Geltung, sondern hebt dieses einfach als bedeutungslos auf. Zweitens reduziert es den Begriff der Wahrheit auf eine pragmatische Vorstellung oder ersetzt es durch die Vorstellung der durch praktische Bedürfnisse definierten Annehmbarkeit. Drittens gibt es zu, daß wissenschaftliche Theorien relativ konstante Regelmäßigkeiten in der Erfahrung beschreiben, nicht aber beanspruchen noch beanspruchen dürfen, irgendwelche immanenten Notwendigkeiten zu entdecken. Auf diese Weise wird Gewißheit nicht gewonnen, sondern als Problem schlicht-weg beseitigt.

Deshalb sollten wir mit unserer Rekonstruktion von Bedeutung und Welt beginnen, indem wir alle Ergebnisse der Wissenschaft, alle empirischen Tatsachen als »gegeben« innerhalb der Welt, unser eigenes »ego«, ja selbst die Existenz der Welt und anderer Personen beiseite schieben. All dies mag bezweifelt werden. Was aber unterliegt nicht diesem Zweifel?

Der Zugang zur unvermittelten Einsicht. Um dies zu beantworten, beschreitet Husserl den [Denk-]Weg Descartes' und greift dessen Denken mit einer einigermaßen wichtigen Modifikation auf. Ich kann nicht mit dem Glauben an die transzendente Existenz der Welt, wie sie erscheint, beginnen. Die Tatsache jedoch, daß meine Wahrnehmungen so und so [beschaffen] sind, diese Tatsache ist in einem absoluten Sinn gegeben. Die Inhalte meiner faktischen *cogitationes* (in dem umfassenden cartesianischen Sinn) sind mir ursprünglich, immanent, unleugbar gegeben, so unwissend ich über die Natur der *cogitata* (Gegenstände) oder des denkenden Subjekts bin. Wir befassen uns mit Phänomenen, Qualitäten, deren Seinsmodus nicht unmittelbar »gegeben« ist. Das pure Phänomen meines Wahrnehmens, Urteilens, Erfahrens und Wollens kann Gegenstand einer direkten Einsicht sein; es ist immanent gegenwärtig, hier. Wir können es beschreiben, *wie* es erscheint, ohne zu entscheiden, was es ist; aber wir dürfen noch hoffen, daß wir in dem, *wie* es erscheint, einige konstitutive, notwendige Eigenschaften der Welt entdecken. Und auf diese Weise ahmen wir Descartes darin nach, daß wir in der Tatsache der Existenz der Welt nichts Einleuchtendes sehen.

Descartes' grober Fehler jedoch besteht in seinem Entscheid, die Existenz der Welt bezweifeln zu können, nicht aber seine eigene Existenz – daß ihm [nämlich] sein Ego in absoluter Unmittelbarkeit gegeben und er folglich eine denkende Substanz sei. Unter reinen Phänomenen aber erscheint keine denkende Substanz. Wir haben daher das substantielle Ego gleichfalls zu eliminieren. Eine solche Reinigung des Bewußtseinsfeldes von jeglicher Existenz – diese transzendentale Reduktion – ist die erste und notwendige Operation auf dem Weg zur Gewißheit. Sie befreit mich von allen Vorurteilen des gesunden Menschenverstandes, besonders was die Existenz der Welt wie des Subjekts betrifft. Beide sind suspendiert, »eingeklammert« oder mit dem »erkenntnistheoretischen Null-Indikator« versehen. Wir negieren weder deren Existenz noch bezweifeln wir sie, wir schieben die Frage nur vorläufig beiseite. Wir suspendieren jegliche Transzendenz, alles, was über das reine Phänomen der *cogitatio* hinausgeht. Dieses Phänomen *ist* gegeben, nicht aber die Tatsache, daß es das »meinige« ist bzw. zu einer empirischen Person gehört. Noch ist die Tatsache gegeben, daß ein Phänomen einen Gegenstand »vorstelle«. (Der Unterschied zum Kantischen Begriff des Phänomens ist unverkennbar: für Kant ist das Phänomen eine Erscheinung *von* etwas; daß Phänomena Dinge enthüllen, war für ihn klar und deutlich; wir wissen nicht, wie das Ding an sich [beschaffen] ist, aber wir wissen unmittelbar, daß es im Phänomen enthüllt wird; so als wäre – obwohl Kant nicht so spricht – die Existenz von Dingen eine analytische Wahrheit, inbegriffen in dem eigentlichen Sinn des Wortes »Phänomenon«. Dies ist in Husserls Begriff nicht impliziert, Existenz ist vielmehr ausgeschlossen von [jener] angenommenen Unmittelbarkeit). Alle vermeintliche Evidenz, alle Realitäten des täglichen Lebens – Körper außerhalb, mein eigener Körper, ich selbst (als ein Teil der Welt), Konstruktionen physikalischer, sozialer und mathematischer Wissenschaften, all dies ist fürs erste außer Geltung gesetzt. Innerhalb solch eines bereinigten Feldes kenne ich weder die Welt noch ein ihr zugehöriges Bewußtsein, ich kenne nur Phänomene als intentionale Korrelate meiner Bewußtseinsakte. Die Welt vor und nach der Reduktion unterscheidet sich nicht inhaltlich, nur in meiner Einstellung, in der Bedeutung von »Transzendenz«, die ich ihr beizulegen pflegte. (Die Termini »transzendentale Reduktion« und »epoché« können als äquivalent behandelt werden; ihre spätere Distinktion ist an dieser Stelle unwesentlich.)

Schon der Begriff »transzendental« ist in Husserls Schriften nicht zureichend erklärt. Einerseits sagt er, daß die Reduktion transzendental sei – was bedeutet, daß sie den Glauben an Transzendenz aufhebt. In den meisten Zusammenhängen, die davon sprechen, daß Wissen transzendental sei, heißt es gerade, daß seine Gültigkeit unabhängig von der Tatsache ist, daß es – zugestanden oder nicht – von biologisch, psychologisch, historisch und sozial definierten Subjekten erfahren wird. Entsprechend ist die Funktion der Reduktion sowohl negativ (sie befreit die *cogitationes* von Vorurteilen über die Transzendenz) als auch positiv (sie gewährt Zugang zum transzendentalen Bewußtsein).

Was nach der Reduktion übrigbleibt, sind die Inhalte der Phänomene *und* die Stelle, an der sie erscheinen, oder das transzendentale, nicht nonempirische Ego, das reine Subjekt des Erkennens, der Rezipient der Phänomene, etwas, das keine der üblicherweise dem psychologischen Subjekt beigelegten Eigenschaften hat, und doch die intentionale Beziehung zu seinem Objekt beibehält. Der *Akt* der cogitatio und sein *Inhalt*, *noēsis* und *noēma*, müssen zwar unterschieden werden, sind aber beide nur zusammmen gegeben. Ein Objekt ist ein Objekt nur für ein Ego, das Ego ist immer auf ein Objekt ausgerichtet.

Die Welt, dergestalt auf beiden Seiten reduziert, kann erforscht werden und uns das Geheimnis der Bedeutung unseres Wissens enthüllen. Innerhalb seiner können wir vielleicht damit beginnen, die Welt der Werte (als Phänomene) zu rekonstruieren. Die Dichotomie von Tatsachen und Werten, von deskriptiven und Werturteilen, ist aufgehoben. Nach der Reduktion sind sie als Phänomene gleichgestellt: die »rote Farbe« ist ebensogut ein Phänomen wie »Liebe« oder »Aufopferung«. Die Dichtotomie ist vom empiristischen Standpunkt aus ebenso unvermeidlich wie die Frage, auf welche Weise Werte von Tatsachen abgeleitet werden können, in der phänomenalen Welt aber – nach Suspension der ontologischen Frage – verschwindet sie. Die Phäno-

menologie verspricht also, nicht nur den erkenntnistheoretischen, sondern auch den ethischen Relativismus zu überwinden.

Die Reduktion scheint als vorläufige konzipiert zu sein; wir entscheiden weder über die Wirklichkeit der Welt noch über ihre
Priorität gegenüber dem Bewußtsein, doch sagen wir nicht im
voraus, daß diese Probleme nicht wiederkehren könnten oder
daß sie unlösbar oder bedeutungslos seien. Die Frage bleibt offen, ob und wie sich das, was wir innerhalb der phänomenalen
Welt erreichen, als gültig für die »wirkliche« Welt erweisen wird.
Kurz, wir lassen die Möglichkeit offen, daß die »Klammern«
weggenommen werden. Wir sollten jedoch fragen, ob es wahr
ist, ob wir, innerhalb von Husserls Programm, je befugt sein
werden, die Klammern zu entfernen, ohne das Resultat der Reduktion auszustreichen.

Somit scheint die unmittelbare Intuition oder die unerschütterliche Evidenz, zu der uns eine solche Reduktion den Zugang
bahnt, gleich zu Beginn in ihren Aspirationen begrenzt; aber es
zeigt sich bald, daß diese grenzenlos sind. Wir decken, behauptet
Husserl, eine neue, fraglose Sphäre von Seiendem (reinen Phänomenen) auf, in welcher nichts vom Nachforschen ausgeschlossen ist und alles Gewißheit gibt. Wir beschreiben Phänomene, wie sie erscheinen, und wir suchen ihre Strukturen zu
erfassen. Unsere Beschreibungen sind, obwohl unbedingt, niemals vollständig und darin der »natürlichen«, naiven Wahrneh-

mung vergleichbar, aber sie befähigen uns, solche Beziehungen der Dinge unmittelbar einzusehen, daß, wenn wir sie erfassen, wir [auch] wissen, daß es nicht anders sein kann – wir bekommen wirklich die Notwendigkeit zu fassen. Descartes, an der Schwelle der transzendentalen Subjektivität, erreichte sie nicht. Er urteilte, daß es das substantielle Ego sei, was jedem Zweifel widerstehe, und behielt es als einen intakten Teil der »natürlichen« Welt bei. Sobald wir eben diesen Teil entfernen, haben wir es mit Bedeutungen zu tun, deren Weltbezug unbekannt und nicht gefragt ist. Die Welt erscheint als das Phänomen der Welt.

Zweifel an der transzendentalen Reduktion. Ist eine solche Suspension der Existenz praktikabel und was impliziert sie? Husserl hat recht, wenn er sagt, daß Descartes versuchte, das Ego als etwas von der Welt, als einen irreduziblen Restbestand, zu retten, und daß er vorsorglich den solipsistischen Standpunkt einnahm. Das ist es, was Husserl ihm vorhält: Wir sollten eigentlich die ganze Existenz ausschließen, um radikale Einsicht zu gewinnen. Verstehen wir, was das heißt? Man könnte wie Kant argumentieren, daß Existenz kein reales Prädikat ist, wenigstens wenn es auf die Welt als ein Ganzes bezogen wird. Um die Reduktion durchzuführen, müssen wir zunächst verstehen, was die Existenz der Welt (das Ego eingeschlossen) im absoluten Sinne meint. Tun wir das? Wenn wir fragen, ob ein Ding existiert, fragen wir, ob es zur Welt gehört bzw. ein Teil der Welt ist. Wir begreifen Existenz nur als Gehörigkeit zur Welt. Deshalb ist der Sinn der Frage, »existiert alles? (einschließlich des Subjekts)« völlig obskur. Wenn wir allem das Prädikat der Existenz entziehen, ändert sich, so scheint es, nichts, gar nichts. Es scheint, daß wir die sogenannte Kontroverse über die Existenz der Welt nur im cartesianischen Sinn verstehen, auf dem äußersten Standpunkt der Frage des Solipsismus, aber sobald ich mich selbst als empirisches Ego zurückziehe, verliert die Frage ihre Bedeutung. Man kann nicht vernünftigerweise fragen, ob alles existiert. Die Welt, sagt Husserl, mag ein beständiger Traum sein. Vielleicht. Ich stelle mir vage vor, was es bedeutet, solange ich mir mich als träumend vorstelle. Wenn ich nicht länger das träumende Subjekt bin, kann ich nicht sehen, wie der Unterschied zwischen der Welt als Traum und der Welt als real auszudrücken ist. Deshalb ist es äußerst zweifelhaft, ob die Reduktion uns ein neues Reich von Seiendem eröffnet.

Überdies wissen wir nicht, was das transzendentale Ego, das nach der Reduktion übrigbleibt, wirklich ist. Noch ist klar, warum das Wort »Ego« gebraucht wird. Dies ist nicht ein Teil der Welt, sagt Husserl, das bin nicht ich, eine menschliche, sich in der »natürlichen« Erfahrung selbst kennende Person. Diese Distinktion zwischen psychologischem und transzendentalem Ego (das letztere als reines unpsychologisches Subjekt des Erkennens), beginnt schließlich, wenn wir es oft genug wiederholen, intelligibel zu scheinen. Aber das ist eine illusorische Intelligibilität. Das transzendentale Ego ist ein leerer Empfänger kognitiver Inhalte und sonst nichts, ein Ort, an dem Phänomene erscheinen. Husserl hat vielleicht diese Art der Reduktion seiner selbst erfahren, aber damit eine Methode gültig sei, muß sie zur Übertragung auf andere geeignet sein. Das Wort »Ego« ist irreführend. Die Aussage »Ich existiert« ist ungrammatisch, desgleichen die Aussage »das Ich existiert«, da »Ich« ein Pronomen und kein Nomen ist; so einfach ist das. Wir vermeiden die Schwierigkeit, indem wir ein lateinisches Wort »Ego« verwenden, das aber ist ein verbaler Trick.

Gewiß können und werden tatsächlich viele Nachforschungen in allen Wissenschaften angestellt werden, ohne Fragen über den ontologischen Status der Objekte aufzuwerfen. Aber das ist es nicht, was Husserl meint, da uns solche Nachforschungen keine Gewißheit bringen können. Die ontologische Frage wird einfach vernachlässigt und nicht bewußt aus dem Sinn geschlagen zusammen mit einer sorgfältigen Reinigung des Wahrnehmungsfeldes. Es scheint, daß das Streben nach Gewißheit in Husserls Sicht die ausdrückliche Feststellung beinhalten sollte, daß Gewißheit alle existentiellen Vorurteile ausschließt. Und die Frage erhebt sich: Was betrifft diese Gewißheit und wie kann sie mitgeteilt werden?

Die Suche nach Universalien. Dir Antwort liegt im nächsten Schritt von Husserls Methode, der eidetischen Reduktion. Wenn die Beschreibung eines Phänomens nur sein aktuales hic et nunc ergriffe, hätten wir [zwar] eine Gewißheit, aber diese Gewißheit würde wertlos sein. Die Aufgabe der Phänomenologie ist nicht die Beschreibung eines einzelnen Phänomens, sondern die Freilegung der universell gültigen und wissenschaftlich fruchtbaren »Wesensgesetzlichkeit« oder des *eidos* in ihm. Die eidetische Einsicht ist jedoch keine Prozedur des Abstrahierens, sondern eine spezifische Weise der Erfahrung von Universalien, die sich uns mit unwiderstehlicher Selbstverständlichkeit offenbaren. Wir setzen nicht irgendein separates, autonomes Reich von Ideen voraus, wir verbleiben innerhalb des transzendentalen Bewußtseins. Doch ist unsere Einsicht nicht zurückführbar auf einzelne Wahrnehmungen, ebensowenig ihr *noēma*; wir generalisieren, abstrahieren oder vernachlässigen nicht einfach gewisse Seiten eines Objekts, um das »universale« zu gewinnen. Husserl lehnt die traditionelle empiristische Theorie der Abstraktion ab, die impliziert, daß es die unmittelbare Erfahrung stets mit Vereinzeltem zu tun hat, während der Abstraktionsprozeß nichts weiter als eine ökonomisch verfahrende symbolische Aufzeichnung sei, angeblich um gewisse wichtige gemeinsame Eigenschaften vieler Objekte festzuhalten. Eine solche Theorie impliziert, daß die eine Abstraktion so gut wie jede beliebige andere ist, daß jeder Begriff [dann] passend gebildet ist, wenn er zu dem Zweck, für den er geschaffen wurde, angewandt werden kann, und daß alle Kriterien der Selektion von Eigenschaften gleich richtig sind bzw. alle eine Art von praktisch brauchbarer Verzerrung erzeugen. Diese Theorie impliziert außerdem, daß das Wissen von Universalien der Erfahrung von Individuellem nichts hinzufügt, es hat keinen autonomen kognitiven Wert und es offenbart in der Welt nichts, was nicht [schon] in besonderen Wahrnehmungen mit enthalten wäre.

Für Husserl sind Universalien im Gegenteil nicht von Individuellem abgeleitet, sondern unmittelbar gegeben, »leibhaftig«. Demnach ist sein Konzept dem platonischen Realismus entgegengesetzt (der eine separate transzendente Welt der Universalien annimmt), ebenso der Theorie der Universalia *in re* (die impliziert, daß das Wesen eine Qualität eines transzendenten Objekts sei), wie der konzeptualistischen Interpretation (die »Universalität« als eine Eigenschaft des Denkvermögens akzeptiert) und dem Nominalismus (der Universalität als eine Eigenschaft der Sprache, als *modus loquendi* betrachtet). Husserls spezifischer Zugang setzt vielmehr seinen Begriff eines transzendentalen Subjekts voraus. Eine *eidos* enthüllt sich selbst in einem besonderen Objekt, aber das Objekt erscheint nur als Korrelat des intentionalen Aktes, ohne dessen willkürliche Konstruktion zu sein. Demgemäß geht das *eidos* nicht über das Subjekt hinaus. Ohne die Wesens-Erfahrung wären kein Sinn und keine sinnvollen Urteile möglich; was immer wir von wirklichen oder imaginären Objekten aussagen, wir intendieren eine Gattung. Indem wir sagen »dieser Stein ist grau«, meinen wir nicht ein besonderes Grau, sondern ein Genus Grau, und dieses Genus ist unmittelbar gegeben. Ein Nominalist würde natürlich sagen, daß wir es mit einer Ähnlichkeit von Objekten in vielerlei Hinsicht zu tun haben und daß wir diese Ähnlichkeit mit abstrakten Prädikaten erfassen. Dies ist Husserl gemäß falsch. Das tatsächliche Objekt solcher Urteile (oder ihres Inhalts) ist nicht ein individuelles Grau. Wir können die Ähnlichkeit nicht feststellen, ohne *zuvor* zu wissen, im Hinblick worauf die Objekte ähnlich sind, und dann haben wir es nicht mit Ähnlichkeit zu tun, sondern mit Identität (als einfach grau, alle grauen Steine sind identisch). Ein Nominalist behauptet, daß solche Begriffe in Akten des Vergleichens entstünden, aber für Husserl ist erstens die genetische Frage erkenntnistheoretisch irrelevant, und zweitens implizieren gerade die Akte des Vergleichens das Vorhandensein von Wesensgesetzlichkeiten. Und wenn Empiristen deshalb argumentieren, daß wir Ähnlichkeiten von Dingen in verschiedener Hinsicht konfrontieren, sollten wir fragen: Was macht es, daß diese und jene Ähnlichkeit beide Ähnlichkeiten sind? Die Antwort besteht: ihre Ähnlichkeit mit dem Genus Ähnlichkeit. (Diese charakteristisch platonische Überlegung – Ähnlichkeit ist, was Dinge ähnlich macht – ist in der Tat nicht weit von Russels Zugang zu dem Problem der Universalien, insbesondere in der »Inquiry into Meaning and Truth«, entfernt.) Das Hauptargument scheint zu sein, daß wir nicht imstande wären, begriffliche, auf Ähnlichkeit begründete Kategorien hervorzubringen, ohne zuvor das Genus »Ähnlichkeit« zu kennen. Entsprechend gibt es Ähnlichkeit, nicht nur ähnliche Objekte. Was für die Wahrnehmung wahr ist, ist es a fortiori für ideale mathematische Objekte.

Mithin sind die Wesensgesetzlichkeiten, obgleich sie nur innerhalb der Einsicht von Individuen, von Beispielfällen erscheinen, nicht rückführbar auf Individuen; sie sind zeit- und raumlos (das Phänomen der Zeit ist selbst zeitlos – es enthält nicht die reale Zeit). Sogar indem wir ein Objekt *als* individuell begreifen, beziehen wir ein, daß wir es als eine Spezifizierung von etwas Universellem konzipieren, und deshalb läßt die Individualität selbst, wenn sie Gegenstand unserer Intention ist, das *eidos* sehen. Es vollzieht sich in der Wahrnehmung selbst, daß wir die Bedeutung von »rot sein« erfassen, und es gibt keine Dinge, die rot »im allgemeinen« wären, da Röte viele Schattierungen hat. Dasselbe gilt für das Begreifen des Sinnes von »farbig sein«, und kein Gegenstand ist farbig überhaupt. Ebenso verhält es sich mit der Wahrnehmung der Tatsache, daß, was immer farbig ist, zugleich ausgedehnt ist: dies ist kein analytischer Satz, noch ein linguistischer Zwang. Sobald wir dies sagen, wissen wir, daß es nicht anders sein kann und daß wir eine Notwendigkeit der Dinge selbst anerkennen, und diese Notwendigkeit ist begründet abgesehen davon, ob wirkliche Dinge existieren oder nicht. Wir benötigen nicht viele Beispiele, um universelles und notwendiges Wissen dieser Art zu erlangen, und dieses Wissen entspringt nicht aus ihrer [der Beispiele] Anhäufung; noch brauchen wir zu wissen, daß es etwas Wirkliches gibt, das diesen Objekten korrespondiert.

Wir beabsichtigen, die notwendigen universalen Strukturen herauszufinden, jene Eigenschaften festzustellen, die so notwendig zu ihnen gehören, daß die Gegenstände im Falle ihres Verlusts ihre Identität verlieren würden. Unter dem, was Husserl »die frei fingierende Variation« nennt, versuchen wir, uns den Gegenstand (eine Wesensallgemeinheit) vorzustellen, während wir einige seiner Eigenschaften vernachlässigen oder im Geiste austauschen, und so schließen wir, daß einige von ihnen, selbst wenn sie empirisch das Phänomen stets begleiten, strukturell nicht zu ihm gehören, und ihre Abwesenheit die Natur (das Wesen) des Phänomens unberührt läßt; während andere nicht getilgt werden können, ohne die Identität des Phänomens damit selbst aufzuheben. Diese Operation befaßt sich mit Dingen (Phänomenen) als bedeutungsvollen, nicht mit den konventionellen Bedeutungen von Worten. Deshalb erscheinen die Resultate nicht in Form von analytischen Urteilen, sondern als phänomenologisch eidetische Deskription. Wir könnten Beziehungen aller Art zwischen Strukturen (ihrer Ähnlichkeit, Analogie, Abhängigkeit, Wechselwirkung, formal-ontologischen Priorität etc.) analysieren und auf diese Weise viele eidetische Wissenschaften besonderen empirischen und deduktiven Disziplinen entsprechend aufbauen. Sie werden die ursprüngliche Bedeutung der Grundbegriffe jeder gegebenen Wissenschaft erklären und beschreiben (wie etwa den Begriff der Zahl in der Mathematik oder den Begriff des Kunstwerks in der Kunstgeschichte), ohne irgendwelche tatsächlichen Errungenschaften irgendwelcher existierenden Wissenschaften vorauszusetzen. Das ist es, was die besonderen Wissenschaften mit dem Selbstbewußtsein ihrer eigenen Operationen ausstatten könnte; sie werden verstehen, womit sie sich wirklich befassen. Solch eine phänomenologische »Strukturierung« des Begriffsapparates der Wissenschaft ist, wie Husserl meint, nicht willkürlich. Sie definiert weder vorgefertigte Termini noch greift sie vorhandene begriffliche Schemata und Klassifikationen auf. Sie vermittelt uns sinnvolle Strukturen, deren Bedeutungshaltigkeit und teleologische Ordnung uns weder durch Konventionen noch psychologische Umstände (»ich kann es nicht anders denken«) auferlegt werden, sondern vom Gegenstand mit zwingender Selbst-Verständlichkeit ausstrahlen.

Das Verlangen nach Unmittelbarkeit gegen das Verlangen, wissenschaftlich zu sein. Damit ist der Sinn des Merksatzes »zurück zu den Sachen selbst« offenkundig. Er bedeutet »zurück zu den Universalien«, aber zu Universalien, die nicht willkürlich oder der Konvenienz zuliebe erzeugt werden und nicht ein separates Reich von Seiendem bilden; er bedeutet »zurück zu den Universalien als unmittelbaren Gegenständen der intellektuellen Intuition«. Wir möchten wissen, ob unsere Wissenschaft und unser gesunder Menschenverstand die Welt ihrem gleichsam »natürlichen« Charakter gemäß zuschneidet oder unseren praktischen Bedürfnissen und Konventionen entsprechend (ein Unterschied, der innerhalb des Phänomenalismus und Empirismus nicht gemacht werden kann), ob wissenschaftliche Begriffe korrekt und sinnvoll gebildet sind oder nicht (in Übereinstimmung mit den notwendigen Eigenschaften eidetischer Strukturen). Husserl ist insofern Platoniker, als er an die natürliche Klassifikation von Dingen glaubt. Aber diese Art von Forschung gehört nicht eigentlich zu irgendeiner besonderen Wissenschaft. (Die Kunstgeschichte befaßt sich mit Kunstwerken, aber die Analyse dessen, was ein Kunstwerk überhaupt ist und sein muß, geht über ihre Aufgabenstellung hinaus; kausale Beziehungen werden in allen Wissenschaften studiert, aber das *eidos* der Kausalität in keiner von ihnen.)

Kein Gegenstand ist im voraus von solch einer Nachforschung ausgeschlossen; wir könnten Phänomene unendlich aufhäufen und klassifizieren. Meine Intuition könnte unklar sein, aber ich kann meine Aufmerksamkeit auf die Unklarheit als eine Eigentümlichkeit meiner Intuition richten und eine klare Einsicht in diese Unklarheit gewinnen; ich kann daraufhin den Akt der Wahrnehmung als einen unklaren studieren und dann den klaren Akt der Wahrnehmung ausgerichtet auf Unklarheit usw. Und alles hängt schließlich von der Qualität der ursprünglichen Einsicht ab, in der die Dinge sich selbst enthüllen. Wir erstreben eine nichtanalytische Gewißheit. Wie können wir uns selbst versichern, daß wir eine genuine Gewißheit haben? Die Phänomenologie sieht keine Antwort vor: entweder hat man Einsicht oder man hat sie nicht. Und dann erhebt sich die Frage: Wie kann diese Gewißheit mitgeteilt werden? Beim Versuch einer Antwort stoßen wir auf einen Widerstreit der beiden grundlegenden Merksätze der Phänomenologie: »zurück zu den Sachen selbst« und »Philosophie soll eine strenge Wissenschaft sein«. Die Strenge einer Untersuchung impliziert ihr Kommunizierbarkeit: wir müssen imstande sein, ihren Inhalt in Worten mitzuteilen, so daß, wer immer uns versteht, die gleiche Gewißheit erlangt. Das ist bei der Phänomenologie nicht der Fall. Gewißheit liegt

im Akt der Einsicht, nicht im Diskurs. Die Aufgabe der Phänomenologie ist, eine gewisse, eigentümliche Sphäre von Erfahrung
zu beschreiben, aber die Beschreibung kann die Erfahrung nicht
ersetzen; bestenfalls kann sie es jemand anderem erleichtern, eine
ähnliche Einsicht zu gewinnen. Das gleiche könnte natürlich von
jeder unmittelbaren Erfahrung gesagt werden. Qualitativer Inhalt ist symbolisch nicht kommunizierbar, aber das ist genau der
Grund, warum qualitative Beschreibung nicht beanspruchen
kann, »strenge Wissenschaft« zu sein.

Ist irgendetwas an der eidetischen Reduktion falsch? Der Ha-
ken an Husserls Methode ist, daß seine Schriften sehr wenige
Beispiele für sie geben. Eine »strenge« Methode ist eine, die,
wann immer angewandt, einen jeden zum (annähernd) gleichen
Resultat führt. Aber wie können wir uns vergewissern, daß dem
so ist? Gewiß, viele Phänomenologen haben versucht, die »Methode« anzuwenden und nicht einfach nur zu beschreiben. Eidetische Deskription ist universell applikabel; wir könnten das eidos der Farbe Rot, der Ähnlichkeitsbeziehung, der Architektur
beschreiben, das eidos des Staates, der Religion, Liebe, morali-
schen Werte, sozialen Bande und unserer Akte der Einsicht in
jeden dieser Gegenstände. Wir könnten z. B. über das »eidos«
der Religion reflektieren: macht der Glaube an eine persönliche

Gottheit seine notwendige Seite aus? Oder ist es die Existenz einer religiösen Organisation, der Glaube an ein künftiges Leben oder die Erfahrung »des Heiligen«? Es gibt keinen Grund für die Annahme, daß jeder zu denselben Überzeugungen gelangen wird, und wenn einer sagt »ich habe die Einsicht gehabt, du (aber) nicht«, muß die Diskussion aufhören. Für Husserl ist das letzte Substrat des Wissens nicht kommunikabel, aber was sich mitteilen läßt, ist von großer Bedeutung; das Geschick eines Phänomenologen besteht nicht in der Er-Innerung vorgefertigter Wahrheiten, sondern in der beständigen Anstrengung, sein eigenes Bewußtsein von naiven Stereotypen und alltäglichen Meinungen, von der scheinbaren Evidenz der Wissenschaft, von gewohnten und irreführenden Begriffen oder von der Verschleierung der Distinktion zwischen den Tatsachen der Erfahrung und ihrem Inhalt zu reinigen.

Und doch ist das, was in Husserls Lehre von großem Wert ist – seine radikale Selbstkritik, sein Mut, hartnäckig an den Anfang zurückzugehen – noch nicht genug, seine Überzeugung zu stützen, daß er eine zuverlässige Methode, nichtanalytische Gewißheit zu erreichen, entdeckt hat. Nehmen wir Husserls einfachstes Beispiel für eine notwendige synthetische Wahrheit, »was farbig ist, ist (auch) ausgedehnt«. Es scheint, daß dies keine [nur] akzidentelle Assoziation ist. Sobald wir wissen, was »Farbe« ist, wissen wir sofort, daß sie nicht anders [als ausgedehnt] sein kann, daß es keine farbigen Zahlen oder Gefühle gibt. Aber in welchem Sinne ist unser Wissen a priori? Ein Skeptizist könnte argumentieren, daß, sobald wir den Begriff der Farbe hervorbringen, er offensichtlich nur auf Oberflächen applikabel ist, und folglich der eben zitierte Satz, ähnlich dem Satz »jedes Dreieck hat drei Seiten«, ein analytisches Urteil ist. Von einem anderen Beispiel, »Orange ist zwischen Rot und Gelb«, nehmen wir an, daß es unbedingt evident sei. Warum? Das Wort »zwischen« beschreibt ursprünglich eine topologische Relation. Wenn wir Licht spektral zerlegen oder den Regenbogen betrachten, liegt Orange topologisch »zwischen« Rot und Gelb – das aber ist strikt empirisch. In einem anderen Sinne kann der Satz bedeuten, daß wir Orange bekommen, wenn wir gelbe und rote Farbe mischen, und wieder gibt es nichts a priori darin. Ich *könnte* immerhin leugnen, daß die Aussage apodiktisch einleuchtend ist. Ein Phänomenologe kann in einem solchen Fall nur antworten, daß ich dumm bin, und das ist das Ende des Disputes.

Man kann mit Recht behaupten, daß viele Beobachtungen Husserls, die darauf hinweisen, daß wir in unserer Wahrnehmung und Vorstellung »unmittelbar« etwas Universelles aufgreifen, wohlbegründet sind. Vielleicht ist aber der Sinn dieser Universalität von dem, was er dachte, verschieden. Die Idee, es gebe atomische Wahrnehmungen, aus denen anschließend Begriffe hergeleitet werden, ist, nicht nur vom phänomenologischen Standpunkt aus (in der Gestaltpsychologie z. B.), oft kritisiert worden. Es ist überzeugend zu sagen, daß eine »Bedeutung«, folglich eine »Wesensallgemeinheit«, sich selbst zum Bestandteil der Wahrnehmung macht: Ein kleines Kind *sieht* nicht dieselben Dinge wie ein Erwachsener, wenn es Gegenstände »anschaut«, und kennt weder deren Funktion noch Stelle in der zweckvollen Ordnung; ein Erwachsener nimmt Gegenstände als mit Bedeutung ausgestattet wahr und er *fügt* die Bedeutung zu seinen Wahrnehmungen nicht *hinzu*; wenn ich ein Auto sehe, *sehe* ich ein Auto und nicht eine farbige Oberfläche, die ich gesondert als Teil eines zweckvoll organisierten Universums interpretiere; wenn ich einen Text in einem mir unbekannten Alphabet betrachte, *sehe* ich nicht, was jemand sieht, der [es] lesen kann, und ich nehme Unterschiede nicht wahr, die er unmittelbar sieht; sein Textverständnis konvergiert mit seinem Sehen zu einem einzigen Akt. Jedermann stimmt zu, daß Wahrnehmung selektiv ist, weil sie unter dem Druck biologischer und sozialer Umstände erfolgt. Das hat nicht zur Folge, daß wir Wesen erfahren, sondern daß unsere Erfahrung kulturell konditioniert ist, durch Sprache neben anderen Faktoren. Wie könnten wir z. B. über das eidos der Religion oder über Kausalbeziehung reflektieren »ohne Voraussetzungen«, so daß die Ergebnisse unserer Reflexion gültig wären ohne Rücksicht darauf, ob Religion überhaupt existiert oder nicht? Wir können das »Wesen« nur unter der Bedingung zu bestimmen suchen, daß wir – und sei es in einer noch so vagen Form – über die Bedeutung des Phänomens verfügen, wie sie uns sprachlich vermittelt worden ist. Und das heißt: wie wir sie der kollektiven Erfahrung entnehmen. Sprache teilt die Welt in gewisser Weise ein, und unsere Wahrnehmung würde ohne sie zweifellos different sein, aber sobald wir uns entschließen, mit der Analyse des »Wesens« von etwas zu beginnen, haben wir es immer mit der Ablagerung jahrhundertelanger Erfahrungen der Menschheit zu tun, und diese Erfahrungen haben, obwohl historisch erklärbar, keinerlei logische Notwendigkeit bei sich. Folglich sind gewisse Vorräte des gesunden Menschenverstandes unvermeidlich in den Akten gegenwärtig, die die phänomenologische Methode ausmachen; in jeglicher Erfahrung gibt es nicht zu beseitigende Rückstände des gesunden Menschenverstandes; während wir die transzendentale Reduktion durchführen, können wir die Sprache nicht loswerden, und das heißt: die ganze Kulturgeschichte der Menschheit. Es scheint kaum möglich, wie Husserl offenbar glaubt, zur intellektuellen Unschuld eines neugeborenen Babys zurückzukehren und doch noch Phänomenologe zu bleiben. Da es solche Rückstände in unserem Geiste gibt, haben wir überhaupt keine Garantie vor Täuschungen, in anderen Worten, wir haben keine Quelle der Gewißheit. Ich kann keine phänomenologische Einsicht haben, ohne imstande zu sein, dem Gegenstand meiner Einsicht einen Namen zu geben.

Eine weitere Gefahr von Husserls Methode besteht darin, daß sie uns gestattet, auf geschichtliches Wissen gänzlich zu verzichten. Kein »Wesen« wird je aus der Anhäufung von Beispielen erstehen. Um eine allgemeine phänomenologische Theorie des Romans zu entwickeln, genügt es, einen Roman gelesen zu haben; um eine universelle Theorie der Religion zu begründen, brauchen wir nicht mehr als eine Religion zu kennen. Dies ist vielleicht einer der Gründe, warum Phänomenologie nicht dazu beigetragen zu haben scheint, die Forschungen in den Humanwissenschaften »strenger« zu machen; statt dessen erleichterte sie die freie Spekulation.

Gewiß stellte Husserl Fragen von überragender Bedeutung für die Geisteswissenschaften: Wie wissen wir, daß unsere Begriffe richtig gebildet sind? Ist unser »Zuschnitt« der Welt willkürlich, geleitet von praktischen Erwägungen, oder fügt er sich in das »wirkliche« Netzwerk der Relationen ein? Solange wir außerstande sind, solche Fragen zu beantworten, wissen wir nicht, was – wenn überhaupt – unser Denken erfaßt oder ob es mehr ist als ein praktisches Instrument. Und doch haben wir noch keine universell gültigen Kriterien, bedeutungsvolle Strukturen zu erfassen. Das Bedürfnis nach solchen Kriterien ist in den Geisteswissenschaften nachdrücklich empfunden worden und auf viele Versuche hinausgelaufen, die von der Phänomenologie abhängig waren oder nicht. Die Schwierigkeit dabei ist, daß jeder für diese Fragen ein unterschiedliches Verständnis hat, das an ihm selber zeigt, wie weit wir von apodiktischer Gewißheit entfernt sind. Es wäre gerecht und billig zu sagen, daß das Geschick von Husserls Vorhaben demjenigen Descartes ähnlich war: Sein *pars de-*

struens erwies sich als stärker und zwingender als sein Glaube, eine ursprüngliche Quelle der Gewißheit entdeckt zu haben. Dies scheint das gemeinsame Los der Philosophen zu sein.

Drittes Kolleg: Das Erreichte

Wie kann die Welt heute und gestern dieselbe sein. Innerhalb der transzendentalen Reduktion erhält alles eine vom Bewußtsein ausgehende Bedeutung, aber der Unterschied von Akt und Inhalt (oder *noēsis* und *noēma*) wird ebensowenig wie der Unterschied von Subjekt und Objekt aufgehoben. Im Gegenteil, eine wesentliche Eigenschaft bewußter Akte ist deren Intentionalität: sie sind auf ein Objekt gerichtet (Sehen ist immer Sehen von etwas, ein Wunsch hat einen gewünschten Gegenstand und dasselbe gilt für Wahrnehmungen, Willensäußerungen, Gefühle, Hoffnungen und Urteile). Brentano, der psychologische Phänomene (im Gegensatz zu physikalischen) als intentional definierte, war in Husserls Sicht nicht imstande, den psychologischen Zugang aufzugeben, weil er das psychologische Ego vom transzendentalen zu unterscheiden versäumte.

Die Kategorie der Intentionalität ist fundamental für Husserls Beschreibung bewußter Akte, weil das Bewußtsein nur als intentionales den Gegenstand als in vielen Akten denselben identifizieren kann, was auf das Begreifen seiner Bedeutung hinausläuft. Sobald wir, wie Hume und Mach, voraussetzen, daß jede Wahrnehmung atomähnlich und punktförmig sei, und daß wir

»Objekte« aus praktischen Gründen erzeugen, indem wir mehr oder weniger beständige Eigenschaften aus dem Strom der Eindrücke aussondern, müssen wir auch ihre Schlußfolgerungen akzeptieren: daß unsere Idee der Identität eines Objekts vielleicht genetisch erklärt, nicht jedoch empirisch gerechtfertigt werden kann. Dann aber entsteht die Illusion der Identität eines Dings aus der Tatsache, daß sich eine relativ dauerhafte Reihe von Eigenschaften in der Sprache niedergeschlagen hat (deshalb der bedeutungslose Begriff der »Substanz« oder des *vinculum substantiale*). Wir können solch einer Schlußfolgerung nicht ausweichen, wenn wir versäumen, Akte von Inhalten zu unterscheiden, und Eigenschaften des Gegenstandes behandeln, als seien sie wirkliche Elemente des Bewußtseins (wie das im psychologischen Idealismus der Fall ist). In der Tat, sobald wir dieser Konfusion zum Opfer fallen, kann kein Element des Inhalts (und das heißt: der Akt meiner augenblicklichen Erfahrung) jemals wieder erscheinen: sonst müßten wir eigentlich annehmen, die Zeit umkehren zu können. Von diesem Standpunkt aus könnten wir vielleicht die Ähnlichkeit von Eigenschaften akzeptieren, aber es wäre Unsinn, von einer Identität des Gegenstandes zu sprechen; das würde heißen, daß wir die Identität von zwei oder mehr, zu verschiedenen Zeitpunkten ausgeführten psychologischen Akten behaupten würden. Wenn wir aber darauf achten, die eben erwähnte Distinktion nicht zu vernachlässigen, können wir den Glauben des gesunden Menschenverstandes retten, daß der Stein, den ich jetzt sehe, derselbe ist, den ich eine Minute zuvor gesehen habe, und nicht nur, daß diese beiden Wahrnehmungen ähnliche Eigenschaften haben. Diese Identität ist gültig nach der Reduktion – nachdem wir den Glauben an die »Transzendenz« von Objekten suspendiert haben. Worauf es Husserl jedoch ankommt, ist weniger die Identität von physikalischen als vielmehr von idealen Objekten, wie Universalien (Wesensallgemeinheiten), mathematischen und logischen Begriffen und idealen Bedeutungen. Und doch sind wir, ohne imstande zu sein, ihre Identität zu bewahren, nicht befugt, irgendeinen Anspruch auf »Objektivität« und Gewißheit des Wissens aufrechtzuerhalten. Denn es gibt keine Zahl, die in vielen Akten des Zählens immer dieselbe und von diesen unabhängig wäre; es gibt nur einzelne Akte des Zählens und sie verweisen auf nichts Identisches. Jedes noēma (oder jeder Inhalt) ist singulär, aber viele noēmata können vielleicht auf dasselbe numerisch einzelne, in verschiedenen Akten (des Wahrnehmens, Urteilens, Erinnerns, Fühlens usw.) ergriffene Objekt verweisen. Das ist jedoch nur möglich, wenn Wahrnehmung nicht punktförmig ist, wenn jeder intentionale Akt die faktisch wahrgenommene temporale Kontinuität der Erfahrung enthält. Jedes cogito, das sich auf das *cogitatum* zubewegt, ist nicht als tabula rasa, sondern als Akt der Synthesis, die rohe Daten in der kontinuierlichen Welt der Phänomene verknüpft. Internes Zeit-Bewußtsein ist die »Form der Synthesis«; und durch dieses hindurch ergreife ich das Objekt nicht als einen Teil des Bewußtseins, sondern als eine objektive Bedeutung. Dies ist der unveräußerliche Grundzug intentionaler Operationen: daß jeder subjektive Vorgang einen »Verweisungshorizont« hat. Jede aktuale Erfahrung schließt wirklich die potentielle ein und beides in Beziehung auf den temporalen und räumlichen Aspekt der Dinge. Wenn ich ein Ding sehe, ist meine Intention auf nicht wahrgenommene Aspekte gerichtet. Daß ein Objekt »eine Rückseite« hat, ist keine intellektuelle Behauptung, sondern ein aktuales Bewegungselement der Intention. Dasselbe muß von den Zeitaspekten gesagt werden: innerhalb der Intention selbst gibt es die *Retention*, einen Vergangenheitshorizont, eine Erfahrung rückwärts gewandter Kontinuität, und es gibt die *Protention* – die Antizipation eines Dinges als eines zukünftigen. Es gibt keine zeitpunktförmige cogitatio, keine auf die reine Aktualität beschränkte Erfahrung; jede erstreckt sich vor- und rückwärts über das Feld der Aktualität hinaus. Dies ist es, was einen Gegenstand als denselben enthüllt. Folglich ist es dies, was uns ermöglicht, die Bedeutung und die Verwiesenheit des Gegenstandes auf das eidos herauszufinden (keine eidetische Reduktion wäre ohne intentionale Synthesis praktikabel).

Und damit ist der zweite Fehler Descartes' aufgedeckt worden. Descartes hat nicht nur fälschlicherweise geglaubt, einen direkten Zugang zu dem als ein Teil der Welt vorgestellten substantialen Ego zu haben, sondern er glaubte nicht weniger irrtümlich, daß ein nicht-intentionales cogito möglich wäre, daß er sein eigenes Bewußtsein als reinen Akt der cogitatio ohne cogitatum beobachten könnte. Für die intentionale Analyse jedoch gibt es keinen reinen Akt des cogito ohne ein Objekt. Und seitdem wir die Reduktion, die unschätzbare Errungenschaft dieser Methode, durchgeführt haben, ist das cogitatum ebenso unmittelbar wie das cogito gegeben. Wir haben nicht das Objekt, wohl aber jede Vermittlung zwischen Akt und Objekt aufgehoben (infolge seiner Reduktion auf den Status eines Phänomens). Die Identität des Objekts erscheint daher mit derselben Gewißheit wie die Identität des transzendentalen Ego.

Die Welt als eine Errungenschaft des Bewußtseins. Allerdings zeigt sich bald, daß die intentionale Bewegung des Bewußtseins Objekte nicht nur identifiziert, sondern außerdem konstituiert. Hier nähern wir uns dem kontroversen Thema der Bedeutung des Standpunkts, den Husserl selbst »transzendentalen Idealismus« nannte (ich sage deshalb »kontrovers«, weil es Kommentatoren gibt, die nicht glauben, daß wir es mit Idealismus in einem ontologischen Sinn zu tun haben; die meisten verweisen jedoch auf Husserls Äußerungen, die in dieser Hinsicht unzweideutig sind). Doch bleibt der Begriff der Konstitution vage: sie ist nicht eine creatio ex nihilo; eher ist sie ein Akt, der die Welt mit Bedeutung ausstattet. Im transzendental reduzierten Bewußtsein jedoch *ist* jeder Akt, der das Objekt erreicht, ein Akt, der es mit Bedeutung versieht; jeglicher Sinn ist das Produkt einer Konstitution, die insbesondere den Sinn eines Objekts als eines *existierenden* einschließt. »Existenz« selbst ist ein gewisser »Sinn« eines Objekts. Folglich wäre es für Husserl absurd zu sagen, daß ein Objekt unabhängig von der Bedeutung des Wortes »existieren« existiert – unabhängig von dem durch das Bewußtsein ausgeführten Akt der Konstitution.

Die Frage ist, ob der Übergang zum Idealismus ganz im Ausgangspunkt von Husserls Philosophie verwurzelt oder (wie viele realistisch eingestellte Phänomenologen meinen) ein Resultat der persönlichen Entwicklung des Philosophen war, die auch eine andere Richtung hätte nehmen können. (Ingarden hat, neben anderen, behauptet, daß gerade die Prinzipien der Phänomenologie, wie sie in den *Logischen Untersuchungen* umrissen seien, keineswegs die idealistische Schlußfolgerung nach sich zögen, sondern vollständig mit der realistischen Position kompatibel wären.) Phänomenologie kann sicherlich, und wurde es in der Tat, in unterschiedlicher Weise definiert werden. Für Husserl jedoch schloß sie die transzendentale Reduktion ein. So dürfen wir vielleicht fragen: Ist die Reduktion wirklich ontologisch neutral? Ist sie nur eine Methode oder entscheidet sie als Methode [immer schon über] ontologische Fragen? Ist sie reversibel? Wird der Versuch, die Objektivität des Wissens (und der Werte) dadurch zu begründen, daß wir sie in die transzendentale Subjektivität hineinverlegen: wird er uns je gestatten, die provisorischen Klammern von der transzendenten Welt zu entfernen? Werden sich diese Klammern nicht als ewige Fesseln erweisen, die für immer die Welt mit dem reduzierten Subjekt verbinden?

Sicherlich gibt es in den *Logischen Untersuchungen* keine Theorie der Konstitution. Man könnte nichtsdestoweniger argumentieren, daß der Übergang zum Idealismus von 1907 (den Göttinger Vorlesungen) an, ohne eine logische Schlußfolgerung aus der frühen Theorie der Bedeutung zu sein, die einzig konsequente Lösung desselben Problems war, dem sich diese frühen Schriften gegenüberzusehen begannen. Die Theorie der Konstitution impliziert, daß jedes Seiende nur soweit Gültigkeit besitzt, als es in den Akten des transzendentalen Bewußtseins Bedeutung erlangt. Gerade der Begriff einer absoluten, selbstgenugsamen, nicht auf das Bewußtsein bezogenen Realität ist absurd und widersprüchlich in sich selbst. Objekte sind Ablagerungen (»Leistungen« eher als »Erzeugnisse«) kreativer Akte des Bewußtseins, wobei das letztere die letzte Quelle ihrer kristallisierten Form ist. Von diesem Augenblick an werden die »provisorischen«, dem Problem der Existenz auferlegten Klammern zu einer unzerstörbaren Mauer.

Wie hat sich dies zugetragen? Vermöge welcher Logik ist Husserl, der mit Attacken auf den Subjektivismus (im Sinne von Relativismus, Irrationalismus und eines zum Bewußtsein relativen Wahrheitsbegriffs) begonnen hat, zu dem Schluß gekommen,

daß »Objektivität« nur innerhalb des transzendentalen Bewußtseins erreicht werden könne, daß kein Rationalismus, wofern
nicht auf das Bewußtsein als die einzige sich selbst begründende
Realität basiert, möglich wäre? Ich glaube, daß seine Entwicklung, entfernt davon, eine zufällige Abirrung zu sein, sehr kon-
sequent war und, wie folgt, rekonstruiert werden kann:
Skeptizismus und Relativismus können nur überwunden werden, wenn wir die Quelle absoluter Gewißheit entdecken. Diese
Gewißheit kann errungen werden, wo wir uns nicht über »die
Brücke« von den Wahrnehmungen zu den Dingen zu beunruhi-
gen brauchen, wo es eine *absolute Unmittelbarkeit* gibt, wo der
Akt des Erkennens und sein Inhalt nicht in irgendeiner Weise
vermittelt sind (selbst wenn deren Distinktion gültig bleibt), wo
wir ganz einfach *nicht fragen können, wie wir wissen*, daß unsere
Akte den Inhalt, wie er *wirklich ist*, erreichen – wo der Inhalt
absolut transparent für das Subjekt oder immanent ist. Demnach
könnten Rationalität und Gewißheit nur dann aufgefunden werden, wenn Subjektivität nicht eine »Reflexion« von Objekten ist
(denn wenn sie es ist, bleibt das Problem der Brücke unlösbar
wie bisher), sondern diese konstituiert. Nur indem es von kognitiven Akten abhängt, ist das Objekt in einer Weise zugänglich, die einen Zweifel unmöglich macht. Im Laufe der Zeit wiederholt Husserl für das transzendentale Bewußtsein alle
traditionellen Argumente des empirischen Idealismus, von
Fichte bis Avenarius.

Nach der Reduktion ist die Welt eine Bedeutung; die anderen und die Dinge sind als Phänomene konstituiert; die Prädikate »existierend« und »nicht-existierend« beziehen sich *nur* auf das intendierte *als solches*. Die Prädikate »wahr« und »falsch« beziehen sich auf Akte der Intention. Die Eigenschaft des Existierens oder Nicht-Existierens steht in Wechselbeziehung mit Akten der auf Einsicht basierten Verifikation und Nullifikation. Auf der Basis dieser Einsicht ist das Objekt »unmittelbar eingegeben«, »*originaliter* gegeben« oder gegeben im Modus des »Selbst da«. Es behält seine Identität; ich kann auf es zurückgehen. Die Welt ist nicht das, was augenblicklich wahrgenommen wird, sie ist eine unendliche Möglichkeit des Bewußtseins. Das Ego ist keine Substanz, es ist wirklich nur als auf etwas gerichtet; das Ego wird nur als das »substratum« von Akten gewußt, aber Ego und Objekt zusammen haben keinen anderen Namen, der sie beide umfaßt, als das transzendentale Bewußtsein.

In diesem entscheidenden Argument kehren all die alten idealistischen Muster wieder (und Husserl scheint es nicht zu bemerken): es gibt keine vom Wissen der Wahrheit unabhängige Wahrheit; aber die Aussage »dies oder das geschieht« ist der Aussage »es ist wahr, daß dies oder das geschieht« äquivalent; zu sagen, daß etwas unabhängig vom Bewußtsein geschieht, bedeutet folglich, daß ein Urteil abgesehen davon sinnvoll und wahr sein kann, ob es ein Bewußtsein gibt – was absurd ist, da Bedeutung und Wahrheit a fortiori vom Bewußtsein abhängen, und so verhält es sich mit jedem möglichen Gegenstand der Wahrheit. Worüber immer wir sinnvoll sprechen können, ist sinnvoll (ein mögliches Objekt einer Äußerung), und deshalb läuft die Aussage, daß ein gewisses Objekt von der Möglichkeit einer Urteilsäußerung über es unabhängig sei, auf die Aussage hinaus, daß wir über etwas sprechen, worüber wir nicht sprechen – ein offensichtlicher Widerspruch. Schließlich geht alles auf eine Version der traditionellen Tautologien zurück: »wir können nicht über etwas denken, das nicht gedacht wird«; »nichts kann Gegenstand eines Urteils sein, was nicht Gegenstand eines Urteils ist«. Sobald wir über etwas sprechen, machen wir es zu einem Urteilsgegenstand, mithin ist »unabhängig vom Bewußtsein zu sein« ein sich selbst widersprechender Begriff. Husserl kam zu dem (innerhalb seiner Sicht konsequenten) Schluß, daß »Realismus« ein Selbst-Widerspruch sei, daß wir die Welt aufheben, wenn wir das Bewußtsein aufheben, und daß das Bewußtsein allein eine sich selbst-begründende Existenz haben kann.

Diese traditionelle Folgerung endet nicht im Relativismus, gerade weil Husserl glaubte, ein Bewußtsein entdeckt zu haben, das nicht *in* der Welt (nicht ein Teil von ihr), sondern gänzlich unabhängig vom empirischen Bewußtsein, der empirischen Welt, der menschlichen Psychologie, Biologie und Geschichte ist. Die Einsicht, die dieses Bewußtsein verschafft, ist von allen Banden mit der Welt befreit. Gewiß könnten wir immer sagen, daß in Husserls Sicht dasjenige, was sich »auf mich« bezieht, »für mich« existiert (dies war der Grund, warum einige Kritiker Husserls Idealismus in Zweifel gezogen haben, als ob er nicht über Existenz im allgemeinen, sondern über Existenz »für mich« gesprochen hätte), aber ich bin nicht befugt, sinnvoll über Existenz zu sprechen, ohne die Existenz »für mich« einzubeziehen. Deshalb ist die Reduktion keine zeitweilige Suspension, die wir später aufzuheben hoffen dürften. Sie hält mich für immer vom Sprechen über Seiendes ab, das keinen Bezug zum Bewußtsein hat; in der Tat läßt sie nur Unsinniges von einem solchen Begriff aussagen. Es gibt keinen Weg zurück von der Reduktion außer für die Rückkehr zu naiven, »natürlichen« und »unkritischen« Einstellungen, die keinerlei Gewißheit bei sich führen können. Sobald wir die Suche nach Gewißheit beginnen, können wir nicht zurückgehen, ohne alle Resultate der Reduktion zu annullieren. Es gibt keine logische Möglichkeit der Begründung einer nicht-idealistischen Erkenntnistheorie innerhalb des phänomenologischen Vorhabens.

Husserl glaubte im Gegensatz zu Kant, daß die transzendentalen Bedingungen des Wissens alles umfassen, sowohl die Form als auch den Inhalt der Wahrnehmung. Es gibt keinen Dualismus von kontingenter *hylē* und rationalen, gestaltgebenden Formen. Die Konstitution ist allumfassend, und es bleibt keine Faktizität oder Kontingenz übrig. Und doch hat das Ego keine von seinem Objekt-Haben unabhängige Existenz: es konstituiert sich irgendwie selbst, während es Objekte konstituiert. Es behält seine

Identität und es kann zu seinen früheren Wahrnehmungen zurückgehen (es wird sogar das »substratum« seiner Eigenschaften genannt, aber die Bedeutung dieses Wortes bleibt in Husserls Texten dunkel). Auf der Suche nach kognitiver Notwendigkeit finden wir das Bewußtsein als das einzig notwendige Seiende, die einzige *causa sui*, weil nur das Bewußtsein sich selbst absolut gegeben ist.

Diese Folgerung enthüllt das Geschick aller Versuche, absolute Gewißheit zu erreichen. Schriften über Husserl betonen oftmals nachdrücklich, daß sein Begriff von Einsicht nichts mit Bergsons Intuition zu tun habe, daß er eher cartesianisch als mystisch sei. Die Differenz erscheint auf den ersten Blick offensichtlich. Für Bergson ist Intuition eine Art von geistiger Auskultation, die uns in das »Innere« der Objekte bringt und uns mit dem zu kommunizieren gestattet, was einzigartig, folglich unaussprechlich an den Objekten ist; sie ist ein Akt, in welchem sich das Bewußtsein mit einem Objekt identifiziert, das vorher gänzlich »außerhalb« und unabhängig von jenem war. Keine solche Intuition könnte bei Husserl erscheinen. Aber es gibt eine tiefere Affinität zwischen ihnen, nicht nur in ihrem Ziel (vollkommene Gewißheit zu erlangen), sondern ebenso in ihren Prozeduren. Denn für beide Philosophen stellt sich heraus, daß letzte Gewißheit nur in der Immanenz erreicht werden kann und daß der letzte Gehalt dieser Gewißheit inkommunikabel ist. Um Gewißheit zu erreichen, muß ich eine Einsicht haben, die in einer vollkommenen, unvermittelten Konvergenz von Akt und Inhalt besteht. Die Einsicht kann nicht durch eine verbale Mitteilung ersetzt werden, die per definitionem ein vermittelnder Behelf ist. Mithin weist Intuition bei Bergson und Husserl die Grundzüge einer mystischen Erfahrung auf, und ist gerade so inkommunikabel. Husserls Rationalismus ist mystisch, weil, was immer in Worten kommunikabel ist, vermittelt ist; und Gewißheit ist auf die Tatsache begründet, daß für das Bewußtsein der eigene Akt und dessen Inhalt keinem Zweifel unterworfen sein kann (wie alles andere). Obwohl die Distinktion von noēsis und noēma bestehen bleibt, haben die cogitata nur so viel Gewißheit, wie sie das cogito hat.

Idealismus kann nicht aufgrund seiner eigenen Voraussetzungen kritisiert werden. Husserl sagt, daß wir, solange wir in der »natürlichen« Einstellung verharren, außerstande sind, die transzendentale Frage zu stellen: »Wie können wir über die Insel des Bewußtseins hinausgehen?« Da wir uns immer schon als »in der Welt« seiend betrachten, können wir uns nicht in die Frage-Position bringen, und auf diese Weise präjudizieren wir das Problem der Existenz. Aber ein ähnliches Argument könnte auf Husserl angewandt werden: Sobald ich die »Suspension« von der Existenz zu seinen Bedingungen durchführe, präjudiziere ich das Problem ebenso, und ich kann die transzendentale Frage nicht stellen »wie kann ich die Insel verlassen?«, da schon bekannt ist, daß ich sie niemals verlassen werde. Hier muß die Diskussion aufhören. Sobald wir einwilligen, die Frage der »Brücke« zu stellen, sind wir auf Idealismus festgelegt. Wenn wir die Frage zurückweisen, dann ist die realistische oder die idealistische Lösung eine Wahl, die von philosophischen Vorlieben abhängt. Die Geschichte der Philosophie scheint jedoch zu lehren, daß alle Argumente zugunsten jeder Lösung von beiden das voraussetzen, was [jeweils] bewiesen werden muß.

Wie können Andere existieren? Wenn das Subjekt, das die eidetische Notwendigkeit entdecken und die Bedeutung der Welt wiederherstellen möchte, innerhalb seiner eigenen Grenzen verweilen muß, wenn »Transzendenz« selbst eine im Ego konstituierte Bedeutung ist, dann entsteht natürlich das Problem des Solipsismus und der Realität eines alter ego. Wie können wir den Prinzipien der Reduktion treu bleiben und uns das alter ego als nur intendiert, nicht aber als in derselben Weise wie alle anderen Objekte konstituiert vorstellen? Wir sind jetzt an einem Punkte angekommen, der vielleicht die dunkelste Seite von Husserls Philosophie darstellt. Es ist klar, daß er den Solipsismus vermeiden möchte, ohne seiner Theorie der Konstitution zu entsagen, und daß er sich der Schwierigkeiten eines solchen Unternehmens bewußt ist. Er meint nicht nur, den Solipsismus überwinden zu können, sondern daß dies nur innerhalb des transzendentalen

Idealismus geschehen könne. Die Gewißheit, die er entdeckt zu haben glaubte, hat universell gültig sein sollen – gültig für jedes vernunftbegabte Wesen und zugänglich für jedermann.

Widerspricht das Ergebnis nicht der Intention? Selbst wenn Gewißheit in diesem Sinn gewonnen wird, kann daraus nichts über die wirkliche Existenz anderer vernunftbegabter Wesen geschlossen werden, solange uns die Instrumente für einen wirklichen Kontakt mit anderen fehlen, solange es uns an einer transzendentalen Theorie des Einfühlungsvermögens gebricht. Husserl war der Überzeugung, daß das alter ego in der intentionalen Bewegung konstituiert wird. Das alter ego geht über meine Monade hinaus; ich konstituiere es als in meinem eigenen ego reflektiert. Wie ist dies möglich? Husserl versucht, die Frage mit Hilfe der zweiten epoché zu lösen. Innerhalb der transzendentalen Erfahrung trenne ich das, was insbesondere mein ist, von Phänomenen, die auf andere egos als Subjekte bezogen sind, z. B. kulturelle Prädikate, die eine Gemeinschaft vieler Subjekte implizieren. Was nach dieser Ausschließung bleibt, ist »Natur« (als die Bedeutung »Natur«), die meinen eigenen Körper und mein empirisches ego als ein Objekt einschließt. Und so scheint es, daß ich, ein menschliches ego, konstituiert bin als ein Teil der Welt und zugleich alle Objekte konstituiere, was, so Husserl, ein Paradox sei.

Als transzendentales ego trenne ich das mir Zugehörige von dem absoluten, allumfassenden, doppelt reduzierten ego, und innerhalb dessen trenne ich den Bereich seiner »Eigenheit« [bzw. »Eigenheitlichkeit«] von der »Anderheit« [bzw. der »Fremderfahrung« Anderer]. Ich setze voraus, daß nicht alle Modi meines Bewußtseins Modi meines Selbst-Bewußtseins sind, daß ego eine Intentionalität mit Existenz-Sinn hat und es mit Hilfe dieser Intentionalität über seine eigene Existenz hinausgehen kann.

Indem ich die Welt konstituiere, gebe ich ihr den Sinn, dem Bewußtsein Anderer zugänglich zu sein, und deshalb ist (ein unerwarteter Schluß) das erste Nicht-ego, mit dem ich zu tun habe, das alter ego, ein anderes Subjekt. Dies ist die Gemeinschaft von Monaden, die objektive Natur möglich macht. Diese transzendentale Intersubjektivität hat ihr Korrelat in der gemeinsamen Welt der Erfahrung.

Das alter ego ist in meiner Erfahrung persönlich »gegeben«, obschon nicht ursprünglich (was offenbar nur bedeutet, daß ich nicht unmittelbar an seiner Erfahrung partizipiere). Mein Einfühlungsvermögen für es (oder Appräsentation) ist deshalb indirekt. Dies bedeutet nicht, daß es in einer intellektuellen Aktivität besteht oder daß es ein Analogie-Schluß ist (vom Verhalten zur Subjektivität). Es ist eine Intuition der Gegenwart einer anderen Person als eines Subjekts. Für mich hat mein Körper immer den Modus des »Hier«, und in der Einfühlung zeigt der andere Körper im Modus des »Dort« denselben Körper im Modus des »Hier« an, i. e. der Körper wird durch eine andere Monade als der eigene erfahren. Folglich sehe ich den Körper einer anderen

Person als solchen, nicht als ein Symptom einer anderen Person. Und doch hat der Andere den Status eines alter ego nur, indem es innerhalb meines transzendentalen Feldes konstituiert wird. Die transzendentale Intersubjektivität getrennter Monaden wird *in mir* gebildet, aber als eine Gemeinschaft, die ebenso in jeder anderen Monade konstituiert ist. Mein ego kann die Welt nur in Gemeinschaft mit anderen egos kennen, und nur eine monadologische Gemeinschaft ist möglich (es kann nicht mehrere, gegenseitig undurchlässige Mengen von Monaden geben, denn wenn ich über sie nachdenke, sind sie nicht mehr gänzlich opak, ich konstituiere sie als eine Gemeinschaft). Entsprechend sind nur eine Welt und nur eine Zeit möglich, und diese Welt muß existieren. Und auf diese Weise wirft die transzendentale Monadologie, wie Husserl am Ende seiner *Meditationen* ausführt, einige metaphysische Resultate ab. Doch gebe ich in keiner Phase dieser Reflexion die epoché preis. Ich erkläre nur die Notwendigkeit eines alter ego als einer konstituierten Bedeutung, und auf diese Weise überwinde ich den Solipsismus, indem ich die naive Metaphysik der Dinge an sich zurückweise. Transzendentale Intersubjektivität hat als absolute Grundlage die Welt bei sich – und absolut begründetes Wissen ist auf universeller Selbst-Erkenntnis basiert.

In dieser entscheidenden Frage der Intersubjektivität wird die Unzuverlässigkeit von Husserls universaler Methode, absolute Gewißheit zu erreichen, besonders offenkundig. Seine Erklärung ist gerade so unbeholfen, wie es augenfällig ist, daß er innerhalb seiner Konstruktion alles Mögliche getan hat, solipsistische Schlußfolgerungen zu vermeiden. Trotz all seiner Erklärungen wissen wir immer noch nicht, wie wir eine andere Person als reale Subjektivität erreichen können. Daß wir an der Erfahrung anderer nicht partizipieren, ist wahr, aber trivial. Es ist möglich, daß es so etwas wie Einfühlung gibt – daß ich eine andere Person als Person wahrnehme und nicht als einen Automaten, nicht durch Rück- oder Analogieschluß usw., sondern in einer Weise besonderer Kommunikation, die von anderen Wahrnehmungen verschieden und nicht notwendigerweise auf verbalen Kontakt basiert ist (wir können erraten, daß ein drei Monate altes Baby mit Erwachsenen kommuniziert, daß es trotz des Mangels an verbalem Kontakt ein rudimentäres Verstehen gibt, und zwar gewiß nicht durch Analogieschluß). Vieles an Schelers Darstellung dieses Punktes ist überzeugend. Aber diese Feststellung oder die Benennung dieser Wahrnehmung als »Appräsentation« löst das Problem des Solipsismus nicht, noch benötigt oder impliziert es die transzendentale Reduktion. Und der Versuch, die Reduktion mit der transzendentalen Monadologie zu versöhnen, kann nicht ohne Inkonsequenzen oder obskure spekulative Konstruktionen durchgeführt werden. In demselben Abschnitt der *Meditationen* sagt Husserl, daß das alter ego der gemeinsamen Welt der Monaden vorausgehe und daß es in einer unmittelbaren Einsicht durch die Vermittlung des Leibes (der ein

Teil der Welt ist) gegeben sei; daß das alter ego das erste Nicht-ego und daß es als Resultat der Trennung jener Prädikate gegeben sei, die die menschliche Gemeinschaft offenlegen (folglich ist es nicht das erste). Ich sehe nicht, inwiefern diese Feststellungen nicht kontradiktorisch sind.

Gerade meine Fähigkeit, das alter ego zu erreichen, wird mir durch eine höchst artifizielle und nicht überzeugende Konstruktion verliehen: ich führe eine zweite Reduktion durch, die innerhalb des transzendentalen ego das eigentliche ego und die »Anderheit« trennt. Aber es ist uneinsehbar, wie innerhalb des transzendentalen Feldes, das nur als Korrelat meiner transzendentalen Akte gegenwärtig ist, andere egos konstituiert werden können, die in demselben Sinne absolut sind, wie ich es bin. Wenn ich erkenne, daß nur das Bewußtsein als eine sich selbst begründende Realität begriffen werden kann, kann dies nur *mein* Bewußtsein oder besser ich selbst, ein Subjekt, sein, das sich vorstellt, den Glauben an seine eigene Existenz als eines psychologischen Subjekts zu suspendieren. Von diesem Gesichtspunkt her können andere Subjekte nicht in derselben Form von Unabhängigkeit erscheinen. Das alter ego kann nichts anderes als eine Konkretion meines Bewußtseins sein. Die Aussage, daß ich alle Objekte und darunter mich selbst als ein Objekt konstituiere, *ist* ein Selbst-Widerspruch; und den Widerspruch ein Paradox zu nennen, läßt jenen nicht einfach verschwinden.

Husserls Monadologie ist für mich ein weiteres Exempel für die logische Hoffnungslosigkeit aller philosophischen Bemühungen, die von der Subjektivität ausgehen und den Weg zur gemeinsamen Welt wiederherzustellen suchen. Um so signifikanter ist es, daß Husserl mit der transzendentalen, nicht-psychologischen Subjektivität beginnt. Sein Verfahren, für die Reduktion zu argumentieren, ist zunächst ein methodisches: laßt uns den Glauben an die Realität der Welt einschließlich des ego suspendieren, da wir keine Gewißheit in ihr finden; laßt uns die Gedanken auf die Inhalte des gereinigten Bewußtseins richten. Sobald wir jedoch auf dem Grund des transzendentalen Bewußtseins stehen, bemerken wir, daß es immer [schon] mit einer Welt, die bewußt gemacht ist, zu tun hat. Daß die Welt die im Bewußtsein konstituierte »Welt-Bedeutung« ist; daß der Begriff der Dinge an sich absurd ist; daß nur das Bewußtsein eine sich selbst begründende Realität ist – all dies sind bei Husserl Varianten der traditionellen Argumente des Idealismus. Man kann nicht über eine Welt, die nicht gedacht ist, denken; sobald wir über das Ding an sich nachdenken, wird es zu einem Objekt des Denkens, mithin ist der *Begriff* eines Dinges an sich, eines Dinges, das kein Objekt des Denkens ist, widersprüchlich in sich selbst. Dieses Argument ist unwiderleglich, weil tautologisch. Deshalb bekräftigt Husserls Philosophie Gilsons Kritik (die an cartesianische, kantianische und solche christlichen Realisten gerichtet ist, die Descartes und Kant nachahmen): wenn wir mit der immanenten Welt beginnen, werden wir in der immanenten Welt enden; sobald wir die Frageweise des Idealisten akzeptieren, akzeptieren wir seine Antwort. Der Idealismus kann nicht auf der Grundlage seiner eigenen Frage-Voraussetzung, der Basis des Cogito (ich kenne unmittelbar nur meine eigenen cogitationes, wie eine Brücke von den Eindrücken oder Gedanken zu den Dingen zu bauen sei), überwunden werden. Das Problem der Brücke ist unlösbar; es gibt keinen logischen Übergang. Deshalb kann nach Gilson der Realismus nicht eine Folgerung vom Cogito her sein, sondern nur eine Denkmethode.

Dies zu sagen, bedeutet nicht, das Problem der »Brücke« zu lösen, sondern es zu verwerfen. Ein Problem kann verworfen werden entweder, wenn es falsche Voraussetzungen enthält, oder selbst uneinsehbar ist. Ich werde mich nicht in diese ewige Debatte verwickeln. Was an allen Fragen über die Relation von »Subjektivität« und Welt falsch ist, ist, daß wir nicht in der Lage sind, sie ohne Hilfe von räumlichen Symbolen zu äußern oder zu beantworten, obwohl wir wissen, daß das, worauf es ankommt, keine topologischen Relationen sind. Ausdrücke wie »*im* Bewußtsein«, »innerhalb der Wahrnehmung«, »außen«, »innen«, »Teil sein von«, »das Innere erreichen«, »davorstehen«, »unmittelbar gegeben sein«, »immanent«, transzendent« – selbst die Worte »Objekt«, »Subjekt« und »Wahrnehmung« – sind insgesamt Derivate räumlicher Bezüge und Bewegungen. Unsere Beschreibungen scheinen notwendig von dieser räumlichen Sprache abzuhängen und sie können nicht an die eigentliche

Form herankommen. Vielleicht ist dies, wie Bergson (der eine spezielle und nicht sehr erfolgreiche Anstrengung unternahm, räumliche Analogien bei der Beschreibung des Bewußtseins zu bekämpfen) behaupten würde, ein bleibender Grundzug der Sprache selbst.

Die Moral der Erzählung. Husserls Entwicklung vom Ideal unbezweifelbarer Gültigkeit des Wissens zum transzendentalen Idealismus legt drei Bemerkungen nahe:

Erstens glaubte Husserl, den Zugang zur Gewißheit im Sinne eines Wissens eröffnet zu haben, das von unserem Status als biologisch, kulturell und geschichtlich determinierten Wesen gänzlich unabhängig ist. Solch eine Unabhängigkeit zu erlangen, läuft darauf hinaus, die Position von Göttern zu gewinnen, die den menschlichen (empirischen) Geist vollständig von außen betrachten können. Zugleich forderte er den Rückgang zur totalen Unerfahrenheit des Verstandes, zu einer *tabula rasa*-Position, in der unsere Weltsicht in keiner Weise durch Sprache oder unser kulturelles Erbe verschleiert wird. Er wollte, daß die Philosophie in unmittelbarem Kontakt mit den Dingen selbst stehe und zugleich eine strenge Wissenschaft – kommunikables Wissen sei. Diese beiden Aufgaben liefen einander zuwider. Ein katholischer Kritiker Husserls, Quentin Lauer, bemerkte, daß Husserl bei dem Versuch, den cartesianischen Anlauf zu verbessern, die Bedeutung des hypothetischen Dämons in Descartes' Denken nicht erfaßt habe. Da wir die Möglichkeit eines diabolischen Willens nicht ausschließen können, der all unsere kognitiven Anstrengungen pervertieren und den phantastischsten Wahnvorstellungen das Gewicht von Selbst-Evidenz verleihen könnte, sehen wir ein, daß nichts klar und nichts gewiß ist, es sei denn, wir glauben an den wohltätigen Willen Gottes, der den Teufel davon abhält, uns systematisch in den Irrtum zu führen. Dies ist in dem Sinne wahr, daß das erkenntnistheoretisch Absolute in der Tat unmöglich ist ohne das ontologisch Absolute, welches die Eigenschaft, ein sich selbst begründender Grund der Welt zu sein, mit vollkommener Weisheit und vollkommener Güte verbindet. Descartes ging falsch in der Annahme, die Existenz des Schöpfergottes erwiesen zu haben, aber er hatte wahrscheinlich recht mit der Feststellung, daß dies nur der göttlichen Allwissenheit und dem Vertrauen in seine Wahrhaftigkeit zu danken war, daß die Begründung der Gewißheit hat entdeckt werden können.

Zweitens ist aufgrund der Entwicklung der europäischen Philosophie von Descartes an der Argwohn plausibel, daß, wenn wir mit dem Cogito beginnen, die Welt nur als irgendwie mit der Subjektivität korreliert rekonstruiert werden kann, außer wir benutzen einige logisch nicht einwandfreie Kunstgriffe wie Descartes' göttliche Wahrhaftigkeit oder Leibniz' prästabilierte

Harmonie (eine Theorie, die uns garantiert, daß die Wahrnehmungen vieler Monaden, trotz des Mangels an Kausalbeziehungen zwischen ihnen, konvergieren – was wiederum den göttlichen Verstand impliziert). Die umgekehrte Beziehung ist wahrscheinlich ebenfalls gültig. Wenn wir mit dem Ding oder »dem Sein« im Sinne von Parmenides oder Spinoza beginnen, befähigen uns die darauf anwendbaren Kategorien nicht, die irreduzible Subjektivität zu beschreiben, dieses »Wunder der Wunder« (Husserl), dies Auf-sich-selbst-gerichtet-sein, diesen Akt der Selbsterfahrung –, es sei denn, wir konstituieren sie (wie Spinoza es tat) parallel zur Welt. Es ist sehr zweifelhaft, ob es jemandem gelungen ist, eine Sprache hervorzubringen, die diese beiden auf das Cogito und die Dinge gerichteten Gesichtspunkte gemeinsam umgreift. Es ist möglich, daß Philosophie schicksalhaft dazu verurteilt ist, zwischen diesen beiden Perspektiven zu oszillieren, die jede (für sich) willkürlich sind und jede, sobald zugelassen, den Weg zu der anderen versperren, und doch beide im selben Diskurs unaussprechlich sind.

Schließlich könnte man behaupten – wieder eine Moral von Husserls Entwicklung –, daß eine wahrhaft radikale Suche nach Gewißheit stets mit der Schlußfolgerung endet, daß Gewißheit nur in der Immanenz erreichbar ist, und die vollkommene Transparenz des Objekts nur hergestellt werden kann, wenn Objekt und Subjekt (gleichgültig ob empirisches oder transzendentales Ego) zur Identität gelangen. Das heißt, daß eine in Wor ten vermittelte Gewißheit nicht länger Gewißheit ist. Wir gewinnen oder wir bilden uns ein, einen Zugang zur Gewißheit gewonnen zu haben nur, sofern wir Identität mit dem Objekt gewinnen oder, gewonnen zu haben, uns einbilden, eine Identität, deren Modell die mystische Erfahrung ist. Diese Erfahrung jedoch ist inkommunikabel; jeder Versuch, sie anderen zu vermitteln, zerstört gerade die Unmittelbarkeit, die ihr Wert hatte sein sollen – folglich zerstört er die Gewißheit. Was immer in den Bereich der menschlichen Kommunikation eintritt, ist zwangsläufig ungewiß, stets fragwürdig, gebrechlich, vorläufig und sterblich. Und doch ist es unwahrscheinlich, daß die Suche nach Gewißheit je aufgegeben wird, und wir dürfen zweifeln, ob es wünschenswert wäre, damit aufzuhören. Diese Suche hat wenig zu tun mit dem Fortschritt von Wissenschaft und Technologie. Ihr Hintergrund ist eher religiöser als intellektueller Natur; sie ist, wie Husserl zutiefst wußte, eine Suche nach Sinn. Sie ist ein Verlangen, in einer Welt zu leben, aus der Kontingenz verbannt ist, wo allem ein Sinn (und d. h. ein Zweck) gegeben ist. Wissenschaft ist außerstande, uns mit dieser Art von Gewißheit zu versehen, und es ist unwahrscheinlich, daß Menschen jemals ihre Versuche, über wissenschaftliche Rationalität hinauszugehen, aufgeben könnten.

Ich möchte mit der Bemerkung schließen, daß es nicht meine Absicht war, zu verstehen zu geben, daß Husserls Suche nach der neuen transzendentalen Rationalität und der Quelle vollkommener Gewißheit wertlos war. Ich meine, daß sein Versuch das Ziel nicht erreicht hat, wie alle Versuche, zum erkenntnistheoretisch Absoluten zu gelangen, vermutlich fehlschlagen müssen. Aber ich betrachte sein Werk gleichwohl als ungeheuer wertvoll für unsere Kultur, und dies aus zwei Gründen. Er hat uns mehr als irgend jemand gezwungen, uns das peinliche Dilemma des Wissens klarzulegen: entweder konsequenter Empirismus mit seinen relativistischen, skeptizistischen Resultaten (ein Standpunkt, den viele für entmutigend, unstatthaft und in der Tat ruinös für die Kultur halten) *oder* transzendentalistischer Dogmatismus, der sich nicht wirklich selbst rechtfertigen kann und am Ende ein willkürlicher Entschluß bleibt. Ich muß zugeben, daß, obwohl letzte Gewißheit ein innerhalb des rationalistischen Rahmens unerreichbares Ziel ist, unsere Kultur ohne jene Menschen arm und erbärmlich wäre, die in dem Versuch fortfahren, dieses Ziel zu erreichen, und sie könnte kaum überleben, wenn sie gänzlich den Händen der Skeptiker ausgeliefert wäre. Ich glaube, daß menschliche Kultur niemals eine vollkommene Synthesis ihrer mannigfaltigen und unvereinbaren Bestandteile erreichen kann. Gerade ihre Reichhaltigkeit wird durch eben diese Unvereinbarkeit ihrer Ingredientien gefördert. Und es ist eher der Konflikt der Werte als deren Harmonie, was unsere Kultur am Leben erhält.

Nachwort

Dieses Buch gibt drei öffentliche Vorlesungen wieder, die ich an der Yale University im Februar 1974 gehalten habe. Als ich sie vorbereitete, borgte ich ein Fragment von meiner Vorlesung »Das Suchen nach der Gewißheit«, die ich 1973 im Rahmen einer von der Bayerischen Akademie der Schönen Künste veranstalteten Vortragsreihe gehalten habe und die dann im Sammelwerk »Information und Imagination« (Piper Verlag, München 1973) veröffentlicht worden ist.

L. K

Leszek Kolakowski

Die Hauptströmungen des Marxismus
Entstehung. Entwicklung. Zerfall
Drei Bände. Zusammen 1692 Seiten. Geb.

Kolakowski: »Wir kennen alle den politischen Hintergrund des zeitgenössischen
Interesses am Marxismus. Es ist das Interesse für eine Lehre,
die als ideologische Tradition des zeitgenössischen Kommunismus angesehen wird.
Sowohl die, die sich selber für Marxisten halten, als auch deren Gegner
erwägen für gewöhnlich die Frage, ist der zeitgenössische Kommunismus, sowohl was die
Ideologie als auch was die Institution betrifft, das rechtmäßige Erbe Marxens? ...
Die Frage, die sich ein Ideenhistoriker stellt, sollte demnach nicht in der Konfrontation
der ›Essenz‹ einer bestimmten Idee und ihrer praktischen ›Existenz‹ in Form der sozialen
Bewegungen entstehen. Wir sollten vielmehr fragen, in welcher Weise
und infolge welcher Umstände die ursprüngliche Idee fähig war, über so zahlreiche
und so unterschiedliche, sich gegenseitig bekämpfende Kräfte das Patronat auszuüben.«

Erster Band:
Autorisierte Übersetzung aus dem polnischen Manuskript von Eberhard Kozlowski.
2., überarbeitete Aufl., 9. Tsd. 1981. 489 Seiten. Geb.
Band 1 setzt ein mit der Entstehung der Dialektik, behandelt den Linkshegelianismus,
den frühen Marx sowie die Hauptthemen und -schriften der
beiden Begründer der marxistischen Lehre, Marx und Engels.

Zweiter Band:
Autorisierte Übersetzung aus dem polnischen Manuskript von Friedrich Griese.
2., überarbeitete Aufl., 8. Tsd. 1981. 589 Seiten. Geb.
Band 2 ist der Entwicklung des Marxismus nach dem Tod seiner Begründer
gewidmet: die Zweite Internationale, Kautsky, Rosa Luxemburg,
Bernstein, Jaurès, Sorel u. a. bis zur Entstehung und Entwicklung des Leninismus.

Dritter Band:
Autorisierte Übersetzung aus dem polnischen Manuskript von Friedrich Griese.
2., überarbeitete Aufl., 8. Tsd. 1981. 614 Seiten. Geb.
Band 3 behandelt den Stalinismus und moderne Entwicklungen des Marxismus
bis zu Marcuse und Bloch.
Der Band 3 enthält Bibliographie und Personenregister für Band 1 bis 3

PIPER

Leszek Kolakowski

Falls es keinen Gott gibt

Aus dem Englischen von Friedrich Griese. 1982. 220 Seiten. Geb.

Falls es keinen Gott gibt, ist alles erlaubt. In diese radikale Aussage mündet das
jüngste Buch des polnischen Philosophen Leszek Kolakowski. In seinem großangelegten,
gedankenreichen Essay diskutiert Kolakowski mit der ihm eigenen Energie des
Fragens die philosophischen Argumente für und wider die Existenz Gottes. Er weist nach,
daß beide Seiten einander mit rationalen Argumenten nicht überzeugen können,
denn der Glaube ist der Kern von Religion.

Die Gegenwärtigkeit des Mythos

Aus dem Polnischen von Peter Lachmann.
3. Aufl., 15. Tsd. 1984. 169 Seiten. Serie Piper 49

Erst ein kritischer Rationalismus und die Gegenwärtigkeit des Mythos zusammen
garantieren menschliche Kultur und eine humane Zivilisation.

Der Mensch ohne Alternative

Von der Möglichkeit und Unmöglichkeit, Marxist zu sein.
Aus dem Polnischen von Wanda Bronska-Pampuch/Leonhard Reinisch.
2. Aufl., 11. Tsd. 1984. 312 Seiten. Serie Piper 140

In diesem Buch unterzieht Leszek Kolakowski die doktrinäre marxistische Theorie
einer tiefgreifenden Kritik. Dieser Text gehört auch heute noch zu den bedeutendsten
Beiträgen der Marxismusdiskussion.

Henri Bergson
Ein Dichter-Philosoph

Aus dem Englischen von Ursula Ludz.
1985. 138 Seiten mit 9 Abbildungen.
Serie Piper 5204

Mit Scharfblick und Einfühlungsvermögen erklärt Kolakowski die wichtigsten
Ideen Bergsons, die noch vor einigen Jahrzehnten eine breite europäische Öffentlichkeit
erregten: Zeit und Bewegungslosigkeit, Intuition und Intellekt, Geist und Körper,
Leben und Materie, Gesellschaft und Glaube. Kolakowski sieht in Bergson einen Schriftsteller,
der die Grenzen akademischen Denkens überschreiten wollte. Er weiß Bergson sowohl
gegen den »Irrationalismus«-Vorwurf als auch gegen die Anwürfe der katholischen Kirche
zu verteidigen. Die knapp gehaltene Schrift ist als Einführung in das Werk Bergsons hilfreich,
aber auch für den Kenner und Fachmann von Interesse.

PIPER

Karl Jaspers

Der Arzt im technischen Zeitalter
Technik und Medizin, Arzt und Patient, Kritik und Psychotherapie.
1986. 123 Seiten. Serie Piper 441

Die Atombombe und die Zukunft des Menschen
Politisches Bewußtsein in unserer Zeit. 7. Aufl., 58. Tsd. 1983. 505 Seiten.
Serie Piper 237

Augustin
2. Aufl., 8. Tsd. 1985. 86 Seiten. Serie Piper 143

Chiffren der Transzendenz
Hrsg. von Hans Saner. 4. Aufl., 16. Tsd. 1984. 111 Seiten.
Serie Piper 7

Denkwege
Ein Lesebuch. Auswahl und Zusammenstellung der Texte von Hans Saner
1983. 157 Seiten. Geb.

Einführung in die Philosophie
Zwölf Radiovorträge. 24. Aufl., 216. Tsd. 1985. 128 Seiten.
Serie Piper 13

Die großen Philosophen
Erster Band
Die maßgebenden Menschen – Die fortzeugenden Gründer
des Philosophierens – Aus dem Ursprung denkender Metaphysiker
3. Aufl., 14. Tsd. 1981. 968 Seiten. Leinen

PIPER

Karl Jaspers

Notizen zu Martin Heidegger
Hrsg. von Hans Saner. 2. Aufl., 7. Tsd. 1978.
342 Seiten und 7 Abbildungen. Geb.

Philosophische Autobiographie
2. Aufl., 10. Tsd. 1984. 136 Seiten. Serie Piper 150

Der philosophische Glaube
8. Aufl., 41. Tsd. 1985. 136 Seiten. Serie Piper 69

Der philosophische Glaube angesichts der Offenbarung
3. Aufl., 18. Tsd. 1984. 576 Seiten. Leinen

Plato
3. Aufl., 11. Tsd. 1985. 96 Seiten. Serie Piper 47

Psychologie der Weltanschauungen
1985. 515 Seiten. Serie Piper 393

Schelling
Größe und Verhängnis. 1986. 346 Seiten. Serie Piper 341

Die Schuldfrage – Für Völkermord gibt es keine Verjährung
1979. 203 Seiten. Serie Piper 191

PIPER

Karl Jaspers

Die großen Philosophen
Nachlaß 1
Darstellungen und Fragmente. Hrsg. von Hans Saner.
1981. 679 Seiten. Leinen

Die großen Philosophen
Nachlaß 2
Fragmente, Anmerkungen, Inventar. Hrsg. von Hans Saner.
1981. 560 Seiten. Leinen

Die großen Philosophen
Erster Band und Nachlaß 1 und 2
3 Bde. 1981. 2204 Seiten. Leinen i. Schuber

Kant
Leben, Werk, Wirkung. 3. Aufl., 13. Tsd. 1985. 230 Seiten.
Serie Piper 124

Kleine Schule des philosophischen Denkens
10. Aufl., 65. Tsd. 1985. 183 Seiten. Serie Piper 54

Die maßgebenden Menschen
Sokrates, Buddha, Konfuzius, Jesus. 8. Aufl., 44. Tsd. 1984. 210 Seiten.
Serie Piper 126

Nietzsche und das Christentum
1985. 73 Seiten. Serie Piper 278

PIPER

Karl Jaspers

Spinoza
1978. 154 Seiten. Serie Piper 172

Vernunft und Existenz
Fünf Vorlesungen. 3. Aufl., 12. Tsd. 1984. 127 Seiten. Serie Piper 57

Vom Ursprung und Ziel der Geschichte
8. Aufl., 39. Tsd. 1983. 349 Seiten. Serie Piper 198

Von der Wahrheit
Philosophische Logik. Erster Band. 3. Aufl., 13. Tsd. 1983.
XXIII, 1103 Seiten. Leinen

Wahrheit und Bewährung
Philosophieren für die Praxis. 1983. 244 Seiten. Serie Piper 268

Weltgeschichte der Philosophie
Einleitung. Aus dem Nachlaß herausgegeben von Hans Saner
1982. 192 Seiten. Leinen

Karl Jaspers/Rudolf Bultmann
Die Frage der Entmythologisierung
Mit einem Vorwort von H. Ott. Neuausgabe. 1981. 143 Seiten.
Serie Piper 207

Jeanne Hersch
Karl Jaspers
Eine Einführung in sein Werk. 1980. 151 Seiten. Serie Piper 195

PIPER

Hannah Arendt/Karl Jaspers
Briefwechsel 1926–1985

1985. Herausgegeben von Lotte Köhler und Hans Saner.
859 Seiten. Leinen in Schuber

In der Geschichte des Denkens ist dies die bisher einzige umfangreiche
Korrespondenz zwischen einer Philosophin und einem Philosophen, die
veröffentlicht wird. Sie umfaßt 29 Briefe aus der Vorkriegszeit (1926–38) und
403 aus der Zeit von 1945 bis 1969, dem Todesjahr von Karl Jaspers. Mit Ausnahme
weniger Briefe, die z. Z. als verloren gelten müssen, ist die Korrespondenz vollständig.
Sie wird durch wenige Briefe der beiden Ehepartner – Gertrud Jaspers und
Heinrich Blücher – ergänzt, wo die Gesprächslage es erfordert. Ein umfangreicher
Anhang bringt die nötigen Erklärungen über Personen und Ereignisse, auf
die Bezug genommen wird; ein Personen- und ein Werkregister schlüsseln
die Ausgabe auf.
Man darf ohne Übertreibung sagen, daß dieser Briefwechsel eines der
großen Dokumente unserer Zeit ist. In ihm spiegelt sich die Zeitgeschichte der
ersten Nachkriegsjahrzehnte: der Berliner Aufstand, die ungarische Revolution,
der Mauerbau, der Eichmann-Prozeß, die Kubakrise, die Ermordung Kennedys,
der Vietnamkrieg, der 7-Tage-Krieg Israels bis hin zu den weltweiten Studenten-
unruhen von Berkeley bis Berlin. Problemkomplexe der deutschen und
internationalen Geschichte und Politik – die deutsche Schuldfrage, der Widerstand
gegen den Nationalsozialismus, die Atombombe, die amerikanischen
Verhältnisse, die Anerkennung der DDR, die Berlinfrage, das Judentum und
Israel, der Ost-West-Konflikt – werden ausführlich erörtert.
Zugleich wird die Lebensgeschichte zweier Menschen bis ins Detail sichtbar,
die das Stigma der Zeit – die nationale Bodenlosigkeit – als Chance bejahen.
Die Freundschaft wurde im Laufe der Jahre so verläßlich, daß beide Partner
einander nichts verschweigen mußten. Die Offenheit einer sehr klugen, oft
visionären Frau von hinreißendem Temperament und die eines in der
Unbestechlichkeit rücksichtslosen, aber in der Vernunft kommunikativen Denkers
begegnen einander und werden sich zu einer Art Heimat.
Der Briefwechsel zeichnet das Persönlichkeitsprofil der beiden Gestalten direkt
und indirekt mit verläßlicher Exaktheit auf, er wird zu einem vielfältigen
Spiegel der in Einzelheiten so verschiedenen und letztlich doch verwandten
Denkungsarten. Darüberhinaus ist er ein wirkliches Lesevergnügen: belehrend,
unterhaltend und beeindruckend zugleich für jeden, der sich für die kulturelle
und politische Geschichte unseres Jahrhunderts interessiert.

PIPER

Philosophie bei Piper

Hannah Arendt
Eichmann in Jerusalem
Ein Bericht über die Banalität des Bösen.
Mit einem Essay von Hans Mommsen. 1986. 345 Seiten. Serie Piper 308

Hannah Arendt
Macht und Gewalt
Von der Verfasserin durchgesehene Übersetzung. Aus dem Englischen von
Gisela Uellenberg. 5. Aufl., 21. Tsd. 1985. 137 Seiten. Serie Piper 1

Hannah Arendt
Rahel Varnhagen
Lebensgeschichte einer deutschen Jüdin aus der Romantik.
5. Aufl., 19. Tsd. 1984. 298 Seiten. Serie Piper 230

Hannah Arendt
Über die Rovolution
3. Aufl., 16. Tsd. 1986. 426 Seiten. Serie Piper 76

Hannah Arendt
Das Urteilen
Texte zu Kants politischer Philosophie.
Herausgegeben und mit einem Essay von Ronald Beiner.
Aus dem Amerikanischen von Ursula Ludz.
1985. 224 Seiten. Leinen

Hannah Arendt
Vita activa oder Vom tätigen Leben
4. Aufl., 18. Tsd. 1985. 375 Seiten. Serie Piper 217

PIPER

Philosophie bei Piper

Hannah Arendt
Vom Leben des Geistes
Band I: Das Denken. 244 Seiten. Frontispiz.
Band II: Das Wollen. 272 Seiten. Frontispiz.
1981. Leinen. Beide Bände zusammen in Schuber

Iring Fetscher
Der Marxismus
Seine Geschichte in Dokumenten. Philosophie, Ideologie, Ökonomie,
Soziologie, Politik. 2. Aufl., 11. Tsd. 1984. 960 Seiten. Serie Piper 296

Jeanne Hersch
Die Ideologien und die Wirklichkeit
Versuch einer politischen Orientierung.
Aus dem Französischen von Ernst von Schenk.
3. Aufl., 8. Tsd. 1976. 376 Seiten. Geb.

Jeanne Hersch
Karl Jaspers
Eine Einführung in sein Werk.
Aus dem Französischen von Friedrich Griese.
1980. 149 Seiten. Serie Piper 195

Jeanne Hersch
Das philosophische Staunen
Einblicke in die Geschichte des Denkens.
Aus dem Französischen von Frieda Fischer und Cajetan Freund.
2. Aufl., 8. Tsd. 1983. 354 Seiten. Geb.

PIPER